1

Wenn die Seele ruft,

wird es Zeit zu handeln

Angela Dübbel

Wenn die Seele ruft, wird es Zeit zu handeln

Wegfindung zur Selbstbestimmtheit

Tredition

Impressum:

Texte: © Copyright by Angela Dübbel
Umschlag: © Copyright by Angela Dübbel, Vero Haas und
              Henriette Küentzle

ISBN
Paperback: 978-3-347-09524-3
Hardcover: 978-3-347-09525-0
e-Book: 978-3-347-09526-7

Verlag & Druck: Tredition, Halenreie 40 – 44, 22359 Hamburg

Angela Dübbel

Wenn wir wirklich frei sind,
tauchen wir ein in unser wahres Selbst

Inhalt

Vorwort

Als ich erwachte, befand ich mich in einem Leben, dass sehr gut lief. Es waren genügend Ressourcen da, wir lebten in einem eigenen Haus, mit zwei bezaubernden Kindern. Mein Leben schien perfekt, da ich mir einen meiner größten Träume erfüllt hatte, indem ich eine eigene Naturheilpraxis eröffnet hatte – und trotzdem war ein Teil von mir unerfüllt und leer.

Dieses Gefühl beschlich mich schon lange, immer mal wieder; mal laut, mal leise, als würde meine Seele rufen: „Ändere deinen Weg, du bist hier falsch abgebogen!" Jedoch hörte ich meist nicht hin.

Es ging mir doch gut, alles, was das Herz begehrte, schien da zu sein und doch ... da war dieses Gefühl.

Lange Zeit konnte ich es nicht einordnen, doch eines Tages öffnete ich morgens meine Augen und wusste es.

Die Lösung ist Freiheit!

Aber was genau ist diese Freiheit?

Ich freue mich sehr darüber, dass Sie dieses Buch gefunden haben und ich Sie ein kleines Stück auf Ihrem Weg, in Ihre ganz persönliche Freiheit begleiten darf.

Herzlichst Angela Dübbel

Das Erwachen

Wie ich im Vorwort schon kurz erwähnte, kommt im Leben irgendwann bei nahezu jedem die Zeit, die ich die Zeit des Erwachens nenne.
Im Vorfeld kündigen sich oft schon lange Zeichen an, die man gerne
überhören oder übersehen möchte.

Zuweilen reagiert der Körper mit Symptomen, die wir Krankheit nennen. Es kann sich um kleinere Dinge handeln, wie einen Schnupfen, der
darauf hindeuten kann, dass man die Schnauze voll hat von einer Situation. Sei es im Arbeitsumfeld oder im Privaten. Allerdings kann es auch
größere körperliche Reaktionen geben, wie Krebs oder andere Ungleichgewichte. Unser Körper reagiert immer dann, wenn wir das Rufen
unserer Seele lange überhört und ignoriert haben.

Was bedeutet: Wenn der Körper reagiert, ist es nicht mehr fünf vor
Zwölf, sondern schon fünf nach Zwölf. Es ist Zeit zu handeln und
dem Leben eine neue Richtung zu geben.

Ich hatte eine Vielzahl von körperlichen Symptomen, bis ich erkannte,
dass ich handeln musste. Das Rufen der Seele – auch als das Bauchgefühl bekannt – machte sich schon sehr lange bemerkbar. Es können
Gefühle von Unbehagen sein oder das dringende Gefühl, etwas ändern
zu müssen. Oft zeigen sich diese Anzeichen auch in Form von Träu-
men.

Träume, die immer wiederkehren, sind ein Indiz dafür, dass unsere
Seele uns etwas mitteilen möchte.

Erkennen Sie sich hier wieder?

Gut! Ich werde Ihnen etwas unter die Arme greifen, damit Sie zu Ihrer eigenen Wahrheit finden können und den Mut dazu haben, diese auch umzusetzen und zu leben.

An dieser Stelle möchte ich einräumen, dass es unter Umständen nicht ohne Hürden gehen wird, Ihre Träume umzusetzen und Ihr Leben, in die von Ihnen gewünschte Richtung zu lenken. Es kann passieren, dass es in Ihrem Umfeld Kritiker gibt, die Ihnen einreden möchten, dass das alles eh nicht funktionieren kann. Vielleicht bekommen Sie auch zu hören, Sie seien unrealistisch oder ein Traumtänzer.

Deshalb möchte ich Ihnen einen warmherzigen Rat geben. Ist es soweit, dass Sie einen Traum haben und eine Möglichkeit gefunden haben, Diesen umzusetzen, behalten Sie es erst mal für sich! Erzählen Sie es vorerst niemandem! Gehen Sie in einer ruhigen Minute in sich und spüren Sie in sich hinein.

Wie könnte ich dieses Projekt zum Leben erwecken?

Was müsste ich tun, finanziell investieren oder an Zeit investieren, damit es real wird?

Und der wahrscheinlich wichtigste Punkt ist, wie lässt es sich mit meinem jetzigen Leben vereinbaren, damit der Übergang vom Alten zum Neuen möglichst sanft von statten geht?

Als Motivation legen Sie sich ruhig hin und fühlen Sie die Freude. Wie fühlt es sich an, wenn Sie es getan haben?

Ich möchte mit Ihnen eine kleine Reise ins Land Ihres perfekten Lebens machen.

Meditation Erwachen

Zunächst ist es wichtig, dass Sie sich eine ruhige Zeit nehmen. Am Besten abends vor dem Einschlafen oder mittags, wenn Sie Mittagsruhe halten.

Legen Sie sich an einen ruhigen Ort, an dem Sie ungestört sind. Zünden Sie eine Kerze an und legen Sie leise Entspannungsmusik ein. Sie können Klassik, Kuschelrock, Engelsmusik oder eine andere Form von Musik wählen, die Sie beruhigt. Stellen Sie die Türglocke aus und schalten Sie Ihr Telefon ab.

Machen Sie es sich bequem.

Legen Sie sich hin und schließen Sie Ihre Augen.

Atmen Sie tief ein und aus. Mit jedem Atemzug lassen Sie belastende Energien und einschränkende Gedanken los.

Atmen Sie und spüren Sie, wie alles von Ihnen abfällt. Sie werden leicht und alles, was Sie belastet hat, fällt wie von Zauberhand von Ihnen ab.

Sie werden ruhiger und ruhiger, mit jedem Atemzug den Sie nehmen, tauchen Sie tiefer ein, in Ihre perfekte Welt.

Wie sieht diese Welt aus? Welchem Job gehen Sie nach?

Welcher Partner ist an Ihrer Seite?

Nehmen Sie sich Zeit und malen Sie sich jede Einzelheit genau aus.

Fühlen Sie, wie Ihr Herz aufgeht, wie Sie sich freuen. Sie strahlen über das ganze Gesicht. Ihre Augen leuchten und Ihr ganzer Körper ist eingetaucht, in ein wohliges Gefühl der Wärme und Freude.

Bitten Sie Ihre geistigen Führer um Hilfe (z. B. Erzengel Raphael und Erzengel Michael), damit Sie sich alles genau vorstellen können und Ihre Helfer Sie von jedem Zweifel befreien.

Tauchen Sie ein in Ihre ganz persönliche perfekte Welt, in der Sie glücklich, frei und erfüllt sind.

Lassen Sie sich Zeit, alles bis ins Detail zu spüren und zu sehen.

Wenn Sie fertig sind, sagen Sie Allen danke, die Ihnen geholfen haben, sich zu zentrieren. Bleiben Sie in diesem Gefühl der Freude und Wärme. Bewahren Sie dieses Gefühl in Ihrem Herzen.

Immer wenn Sie neue Motivation oder neuen Mut brauchen, wiederholen Sie diese Meditation.

Für das Umsetzen eines Traums oder eines Planes ist es enorm wichtig, sich das auch vorstellen zu können.

Häufige Visualisierungen helfen dabei, Zweifel auszuräumen und seine Träume zu stabilisieren. Sie erinnern sich an die Zweifler.

Ist man sich erst mal über seine Träume und Wünsche im Klaren, kann man zum nächsten Schritt übergehen.

Der Weg zur Realisierung

Egal was Sie und Ihre Seele geplant haben: Es gibt immer einen Weg, dies umzusetzen.

Im Universum gibt es nichts Mächtigeres als gebündelte Energie, d.h. wenn Sie ohne jeden Zweifel an Ihrem Plan festhalten und Schritt für Schritt beginnen, diesen in die Realität umzusetzen, können Sie gar nicht anders. Er muss zum Erfolg führen. Wichtig dabei ist, dass Ihr Plan niemanden behindert oder ins Aus spielt. Ihre Pläne sollten zum Besten für alle Beteiligten sein.

Wenn Sie das beherzigen, wird Ihr Plan aufgehen. Nehmen wir an, Sie sind in einer Festanstellung und möchten sich nach Ihrem Plan selbstständig machen. Besteht die Möglichkeit, Ihren jetzigen Job beizubehalten und Ihre Arbeitszeit zu reduzieren? Damit haben Sie mehr Freizeit, die Sie in die Realisierung Ihres Traumes investieren können und gleichzeitig haben Sie noch genügend finanzielle Ressourcen zur Verfügung. Es besteht auch die Möglichkeit, sich sofort selbstständig zu machen. Allerdings ist dies mit einem gewissen Druck verbunden, da das Finanzielle dann eine große Rolle spielt. Entspannter läuft es, wenn man vorerst seinen alten Job beibehält und langsam zu dem Neuen übergeht.

Gehen Sie in sich und überlegen Sie, wie Ihr Plan aussehen könnte. Müssen Sie einen Raum mieten oder können Sie Ihr Vorhaben zu Hause in den eigenen vier Wänden umsetzen?

Möchten Sie alleine agieren oder soll es Geschäftspartner geben? Wenn dies der Fall ist, wer ist vertrauenswürdig und wen möchten Sie mit im Boot haben?

Ein weiterer wichtiger Punkt ist die Dankbarkeit. Seien Sie für jeden Fortschritt dankbar – ist er auch noch so klein. Wahre Dankbarkeit kurbelt alles an und zwar in die gewünschte Richtung. Je mehr Dankbarkeit und Freude Sie empfinden, desto schneller wird sich Ihr Vorhaben entwickeln.

Haben Sie sich auf den Weg gemacht, Ihrer Seele zu folgen, dann lassen Sie sich durch nichts mehr von Ihrem Weg abbringen. Arbeiten Sie jeden Tag ein wenig an Ihrem Seelenplan. Das wird Ihnen ein großes Gefühl der Freude bringen und Sie werden bald Resultate sehen. Diese Resultate werden Sie anspornen weiterzumachen, selbst wenn es einige Hürden geben sollte, die Sie nehmen dürfen. Treten solche Hürden auf, können Sie sich vertrauensvoll an Gott und die Engel wenden und sie, um eine Lösung bitten.

Meiner Erfahrung nach funktioniert das am besten, abends vor dem Schlafengehen. Sie bitten einfach um Führung, damit Sie die nächsten Schritte nehmen können. Sie können auch darum bitten, dass Gott und die Engel Ihnen den Weg ebnen mögen, damit Sie weitermachen können.

Nachts ist die beste Zeit, um Führung bezüglich der weiteren Schritte zu erhalten, da das Gehirn Pause hat und somit unser eigener Zweifler auf Stummschaltung ist.

Das Ergebnis wird Sie überraschen. Vielleicht bekommen Sie eine Anleitung im Traum oder Sie wachen morgens auf und wissen, was zu tun ist. Haben Sie Geduld, wenn die Antwort nicht sofort kommt. Es kann auch einige Zeit dauern, bis sich die Antwort einstellt, da wir manchmal blockiert sind oder dem Empfangenen nicht trauen, weil unser Denker wieder dazwischenfunkt. Jedenfalls können Sie versichert sein, dass Sie gehört werden, und es wird Ihnen geholfen werden.

Wenn Sie eine mögliche Lösung empfangen haben, denken Sie in Ruhe darüber nach, wie und wann Sie diesen Schritt gehen. Wir neigen manchmal dazu, die Dinge zu überstürzen, und dann ist unser Plan nicht ausgereift gewesen und es kann daran scheitern.

Haben Sie Ihren Plan ausgearbeitet, dann treten Sie in Aktion und setzen Sie Ihren Plan Schritt für Schritt um. Sind Sie unsicher bezüglich der Kosten, die auf Sie zukommen könnten? Es gibt auch die Möglichkeit, sich fachmännisch beraten zu lassen zur Existenzgründung, zum Hausbau oder was auch immer Ihre Seele tun möchte.

Nehmen Sie diese Beratungen an und ziehen Sie das für Sie Beste daraus, bevor Sie starten.

Haben Sie Ihren Plan geschmiedet und sich beraten lassen? Das ist prima, jetzt haben Sie Ihre Basis geschaffen, um Ihrer Seele zu folgen.

Mit den nächsten Schritten, die Sie nehmen, wird Ihre Sache nicht mehr geheim zu halten sein. Jetzt dürfen Sie die Augen und Ohren offen halten bezüglich eventueller Versuche, Sie verbal zu sabotieren, da es Mitmenschen geben könnte, die Sie von Ihrem Vorhaben abbringen möchten.

Diese Menschen tun das gewiss nicht aus Bösartigkeit oder aus Missgunst heraus, sondern meistens eher, weil sie es sich nur schwer vorstellen können, dass es Menschen gibt, die einen ganz anderen Weg einschlagen und damit erfolgreich und glücklich werden. Sollte es solche skeptischen Menschen in Ihrem Umfeld geben, können Sie dem Ganzen aus dem Weg gehen, indem Sie mit diesen einfach andere Themen besprechen, Themen, die eben nichts mit Ihrer Veränderung zu tun haben. Gelingt das nicht, weil Sie immer wieder von der Gegenseite mit Ihrem neuen Vorhaben im negativen Sinne konfrontiert werden, können Sie den Kontakt auch etwas reduzieren und auf ein Minimum beschränken.

Versuchen Sie nicht, Ihr Gegenüber zu überzeugen, denn das kostet Sie unnötig Kraft, die Sie anderweitig einsetzen können. Ich hatte bei all meinen Vorhaben Zweifler im Hintergrund; wenn meine Vorhaben jedoch in die Tat umgesetzt waren und funktionierten, waren diese plötzlich ganz anderer Meinung. Es kamen Dinge wie, das habe ich schon immer gewusst, dass du es schaffst und anderes.

Kurzum, bleiben Sie dran an Ihrem Vorhaben, um Ihrer Seele Willen. Es weiß doch niemand, welchen Seelenplan Sie haben und weshalb Sie auf die Erde gekommen sind. Das wissen nur Ihre Seele, Sie selbst, Gott und die Engel!

Wir haben uns hier auf eine Reise begeben und nur Sie alleine wissen, wohin die Reise führt und was Ihr nächster Schritt hin zu Ihrem Glück sein wird. Was auch immer Sie tun – es sollte Sie zufrieden stimmen und glücklich machen.

Der Weg in die Freiheit

Wie im vorherigen Kapitel kurz beschrieben, gibt es einen kleinen Leitfaden zum Weg in die Freiheit. Aber was ist Freiheit genau? Möchten Sie sich Zeit nehmen, um in sich zu gehen und zu erfahren, was Freiheit für Sie persönlich bedeutet?

Freiheit ist ein großes Wort und bedeutet für jeden Menschen etwas anderes. Freiheit kann bedeuten selbstständig zu arbeiten oder als Lebenskünstler tätig zu sein. Es kann auch einfach ein Gefühl sein, mit dem tiefen Wissen verbunden, dass wir hier sind, um uns zu entfalten; zu tun was unser Herz gerne möchte.

Unserem Herzen zu folgen ist wohl die größte Freiheit die es gibt, um es in meine Worte zu fassen,

Folge dem Licht deines Herzens, denn es weist Dir den Weg.

Meditation Weg in die Freiheit

Schalten Sie alle Störfaktoren aus und machen Sie leise Entspannungsmusik an. Machen Sie es sich bequem und schließen Sie die Augen.

Atmen Sie tief ein und aus und spüren Sie, wie alles von Ihnen abfließt. Jeder Stress und alle Gedanken fließen zu Gott.

Dort werden Sie in reines weißes oder rosafarbenes Licht umgewandelt. Alles Verwandelte fließt in Form von reiner Liebe zu Ihnen zurück, direkt in Ihr Herz. Dort wird alles, was Ihren tiefsten Wünschen entspricht, entworfen. Es ist alles bereits abgespeichert. Sie müssen nur reinfühlen und sehen, welche Bilder Ihnen erscheinen.

Was sehen Sie? Lassen Sie sich Zeit. Was fühlen Sie, wenn Sie diese Bilder sehen? Überkommt Sie ein tiefes Gefühl der Freude oder wird es Ihnen warm uns Herz?

Prima, Sie sind auf dem richtigen Weg. Holen Sie Ihre Begleiter der geistigen Welt herbei. Wen auch immer Sie holen, Ihre Schutzengel oder die Erzengel Sandalphon und Erzengel Jophiel. Bitten Sie die Engel, Ihnen kristallklar zu zeigen, welche Träume und Weisheiten in Ihrem Herzen schlummern. Sie helfen Ihnen, all die wunderschönen Dinge auszugraben, die dort liegen, und helfen Ihnen bei der Erfüllung.

Nehmen Sie sich Zeit, all die Dinge, die da kommen, genau anzuschauen und die damit verbundenen Gefühle zu genießen. Sehen und spüren Sie all die schönen Möglichkeiten.

Wie fühlt es sich an, frei zu sein, diese Freiheit zu leben?

Wenn Sie fertig sind, bedanken Sie sich bei Ihren himmlischen Helfern und öffnen Sie langsam Ihre Augen. Behalten Sie die neu gewonnenen Einsichten tief in Ihrem Herzen und freuen Sie sich auf die Umsetzung dieser Dinge.

Schön, dass Sie sich die Zeit genommen haben, sich klarzumachen, wie Freiheit für Sie aussieht.

Wie erreicht man diese Freiheit am besten? Ich möchte Ihnen etwas auf den Weg geben, dass für Sie von unschätzbarem Wert sein kann. Es geht um die universellen Gesetze, auch die hermetischen Gesetze genannt.

Diese Gesetze umfassen, wie die Welt und das Universum funktionieren und wie man diese Gesetze zum Guten für sich und alle Beteiligten einsetzen kann. Je mehr man sich an diese Gesetze hält, desto mehr Verantwortung in Form von spiritueller Verantwortung wird man bekommen. Es geht darum, ein Leben zu erschaffen, dass zum Besten für alle beteiligten Lebewesen auf der Erde ist. Ja, und noch viel mehr. Wenn alle Menschen diese Gesetze beherzigen, wird ein Leben erschaffen, in dem alle zufrieden und glücklich leben können.

Mit diesen Gesetzen – vorausgesetzt, man wendet sie immer zum Besten für alle Beteiligten an – kann man sein Leben und das Leben seines Umfeldes um ein Vielfaches verbessern. Das Beste daran ist, dass man dadurch seinen Weg in die Freiheit finden kann.

Die hermetischen Gesetze

Das Gesetz der Schöpfung oder der Geistigkeit

Darin geht es um die Schöpfung als Ursprung, nämlich um den Gedanken. Dieser wird als die Meisterschaft bezeichnet. Jeder Gedanke, der gefasst wird, ist ein Ursprung eines schöpferischen Aktes.

Lassen Sie ganz viele Gedanken der gleichen Art durch Ihren Geist schweifen, so lenken Sie Ihr Leben in diese Richtung. Dabei wird nicht unterschieden, ob diese Gedanken segensbringend oder unglücksbringend sind.

Die Gedanken sind einfach wertfrei. Das heißt, sie sind das, was sie sind. Es ist deshalb von großer Wichtigkeit, seine Gedanken stets auf positive und wünschenswerte Dinge zu richten, da alles was ausgesendet wird, zurückkommt.

Menschen, die in ihren Gedanken klar sind und sie auf das Positive richten, sind in der Lage zeitnah Dinge zu manifestieren, d. h. zu erschaffen.

Alles entsteht zuerst im Geiste.

Jedes Ereignis oder alles, was Sie jemals gedacht haben, wird sich in Ihrer Realität wiederfinden. Deshalb ist es so wichtig, seine Gedanken und Gefühle zu reinigen, damit wir uns das Leben erschaffen können, dass wir uns tatsächlich wünschen. Dies wurde ganz wunderbar in dem Buch „Bestellung beim Universum" veranschaulicht. Es wirkt alles ein wenig wie „Zauberei" und das ist ja das Tolle.

Jeder von uns kann zaubern!!

23

Das Gesetz der Schwingung

Es besagt, dass alles lebt; es schwingt, ist in Bewegung.

Auch Worte und Gedanken haben eine Schwingung; wie etwas gesagt wird, hat einen großen Einfluss auf den Empfänger. Worte und Wortklang können heilsam wirken oder kränken; je nachdem, wie es ausgesprochen wird.

Auch Musik hat eine heilende Wirkung; so hat man z.B. festgestellt, dass Wunden schneller heilen, wenn sie mit Entspannungsmusik oder klassischer Musik berieselt werden. Kinder, die mit liebevollen Worten besprochen werden, sind selbstbewusster und aufgeschlossener, auch leichter zu führen als solche, die harte Worte zu hören bekommen.

Es gibt ein tolles Experiment, das Masaru Emoto, ein japanischer Allgemeinmediziner, gemacht hat, indem er Wasser mit unterschiedlicher Musik beschallte, um dann festzustellen, dass – Wasser mit sanfter Musik bespielt – harmonischere Formen beim Gefrieren hervorbrachte als Wasser, das mit Hardrock bespielt wurde. Ebenso ging das mit liebevoll gesprochenen Worten und disharmonischen Worten. Wen dieses Thema intensiver interessiert, dem kann ich das Buch

„Messages from Water and the Universe"

von Masaru Emoto empfehlen.

Alles was ist schwingt oder ist in Bewegung. Alles was wir sehen und anfassen können schwingt, es ist gebündelte Energie, sogar die Dinge, die wir nicht sehen können, wie der Wind.

Das Gesetz der Resonanz

(Gleiches zieht Gleiches an)

Das Gesetz der Resonanz besagt, dass Gleich und Gleich sich anzieht; Gleich und Gleich gesellt sich gern, wie es so schön heißt. Das bedeutet, wenn Sie Menschen in Ihrem Umfeld haben, die Ihnen guttun, tun Sie gleichermaßen anderen und sich selbst Gutes. Umgekehrt funktioniert dieses Gesetz allerdings auch. Sollte es Menschen in Ihrem Leben geben, deren Verhalten oder bestimmte Teile ihres Verhaltens Sie nicht mögen, dürfen Sie „in sich gehen" und sich fragen: „Welches Verhalten oder welcher Glaubenssatz wohnt in mir? Was möchte mir diese Situation sagen?"

Jetzt könnten Sie denken, dass es gemein sei, so etwas zu behaupten; aber beobachten Sie doch einmal die Menschen. Wer ist mit wem unterwegs? Sie werden überrascht sein, wie viele Ähnlichkeiten Sie dabei entdecken. Ähnliche Verhaltensweisen oder Glaubenssätze und vielleicht sogar fast identische Lebensgeschichten.

Wollen Sie etwas in Ihrem äußeren Umfeld ändern, ist es notwendig, sich im Inneren zu verändern. Gehen Sie „in sich" und überarbeiten Sie Ihre Einstellungen zu bestimmten Themen oder sogar Größeres.

Möchten Sie z. B. einen sanfteren Umgang mit Ihren Mitmenschen, werden Sie sanfter und Ihr Umfeld kann Ihnen folgen. Falls sich jedoch in Ihrem Umfeld nichts ändern sollte, ist es durchaus legitim, die ein oder andere Freundschaft zu überdenken. Vielleicht ist es auch Zeit für Veränderung, weil Sie sich gewandelt haben und Ihr Umfeld noch steht. Das ist manchmal so, dann können Sie Ihre Mitmenschen in Liebe gehen lassen und neue Bekanntschaften in Ihr Leben ziehen.

Eine weitere Möglichkeit, Ihre zwischenmenschlichen Beziehungen zu verbessern ist, den Menschen in Ihrem Umfeld einfach Liebe zu senden.

Wie oben, so unten. Wie innen, so außen.

Übung Liebe senden

Setzen Sie sich an einen ruhigen Ort und lassen Sie Ruhe in Ihren Geist einkehren. Schließen Sie Ihre Augen und atmen Sie tief ein und aus.

Spüren Sie, wie alles von Ihnen abfällt und Sie im Geiste immer ruhiger werden.

Bitten Sie Ihre himmlischen Begleiter, Ihre Schutzengel oder eine gute Macht, an die Sie glauben, herbei. Bitten Sie darum, dass alle negativen Gedanken und Gefühle gelöscht werden und diese durch das Gefühl der tiefen Liebe und Verbundenheit mit allem was ist, ersetzt werden.

Fühlen Sie, wie schön und ruhig es in Ihrem Inneren wird. Das ist wunderbar. Jetzt denken Sie an eine Person, der Sie gerne etwas senden möchten.

Sie sehen diese Person vor Ihrem inneren Auge. Öffnen Sie ihr Herz weit und lassen Sie zu dieser Person ganz viel reine Liebe strömen. Die Liebe fließt von Ihrem Herzen direkt in das Herz der anderen Person. Sehen und fühlen Sie, wie diese Person sich freut.

Lassen Sie die Liebe so lange fließen, wie es Ihnen und dem Empfangenden guttut.

Öffnen Sie Ihre Augen und bedanken Sie sich bei Ihren Helfern für ihre Unterstützung.

Diese Übung ist sehr schön und äußerst wirkungsvoll. Sie können diese Übung gerne wiederholen und werden bald schöne Resultate erleben können.

Das Gesetz der Spiegelung

Im Spiegelgesetz geht es darum, dass alles, was uns begegnet, eine Spiegelung von uns selbst ist.

Das ist harte Kost, denn wenn man sich das so überlegt, ist vieles, was uns begegnet, egal ob positiv oder negativ, eine Spiegelung unserer eigenen Glaubenssätze oder Verhaltensweisen.

Also kann man sagen, wenn wir viel Liebe und Geborgenheit erfahren, kommt es daher, dass wir im Vorfeld viel davon gegeben haben. So ist es auch. Natürlich geht das auch im umgekehrten Sinne.

Sehr gut zu sehen ist es bei den Tieren. Ein Hundebesitzer, dessen Hund ruhig und sanftmütig ist, ist ebenfalls sanftmütig. Wenn Ihnen dagegen ein aggressives Haustier begegnet, bei dem der Besitzer ruhig und ausgeglichen wirkt, können Sie davon ausgehen, dass unterschwellig Aggressionen beim Tierbesitzer verankert sind.

Diese Gefühle sind den Menschen nicht immer bewusst. Vieles läuft unbewusst ab, wovon wir oft bewusst wenig realisieren.

Natürlich ist nicht alles eine Spiegelung unseres Selbst. Manchmal spiegeln unsere Mitmenschen ihre Glaubenssätze auch auf uns über.

Wünschen Sie sich z. B., dass Ihre Mitmenschen Sie besser behandeln, achtsamer, wertschätzender, respektvoller oder liebevoller. Ich kann Ihnen ans Herz legen, sich eine kleine Auszeit zu nehmen. Nehmen Sie sich ein paar Tage Zeit, um sich darüber klar zu werden, was Ihnen guttut, und beschenken Sie sich selbst, indem Sie sich all diese Dinge selbst schenken. Schenken Sie sich Respekt, Wertschätzung, Liebe und all die Dinge, die Sie von anderen Menschen erwarten.

Nehmen Sie sich jede Woche eine solche Zeit, indem Sie Ihre Seele streicheln, und Sie werden bald sehr positive Veränderungen im Außen wahrnehmen. Es wird sich im Außen spiegeln.

Das Gesetz von Ursache und Wirkung – Karma

Das sogenannte Karma wird oft mit Negativem in Verbindung gebracht. Tatsächlich ist es jedoch so, dass es Negatives und Positives im Universum gar nicht gibt. Das Universum unterscheidet nicht. Es gibt nur eines, genannt

Es ist!

Es gibt nur den Istzustand. Alles, was Sie jemals getan, gesagt oder gedacht haben, wird gespeichert, in der Chronik des Lebens, auch Akasha Chronik genannt. Das bedeutet auch, Alles kommt zu Ihnen zurück. Die Dinge müssen nicht von der gleichen Stelle zurückkehren. Es kann auch von einer anderen Stelle zu Ihnen zurückfinden.

Es gibt im Universum immer einen Ausgleich. Alles möchte im Gleichgewicht sein.

Wie es in der Bibel schon heißt;

Du wirst ernten, was Du gesät hast.

Dieses Gesetz ist für mich persönlich eines der wichtigsten, weil ich aus eigener Erfahrung sagen kann, dass – wenn man Gutes tut und seine Entscheidungen stets so trifft, dass diese zum höchsten Wohle für alle Beteiligten sind – das Universum gar nicht anders kann, als Sie reich zu beschenken.

Seine Entscheidungen nach bestem Wissen und Gewissen zum höchsten Wohle aller zu treffen, ist eine göttliche Eigenschaft, die uns allen innewohnt. Jeder Mensch kennt den Unterschied zwischen Richtig und Falsch. Dieses Privileg ist uns allen angeboren.

Falls es Ihnen Schwierigkeiten bereitet, das Gesetz von Ursache und Wirkung zu verstehen, können Sie bei der nächsten Gelegenheit, die sich Ihnen bietet, kurz innehalten, um gedanklich alle Szenarien Ihrer Möglichkeiten durchzuspielen.

Hinterfragen Sie dabei jedes Mal: „Wie würde sich mein Gegenüber fühlen, wenn ich meine Entscheidung so fälle?"

Sie können sich auch fragen: „Wie würde ich mich dann fühlen oder würde mir das so gefallen?"

Egal welche Entscheidungen Sie treffen, das Universum ist immer bestrebt, einen Ausgleich herzustellen.

Sie sind großzügig und haben oft Dinge verschenkt oder Menschen in Notsituationen geholfen; dann wird das Universum Ihnen die abgegebenen Dinge oder die gespendete Zeit, um ein Vielfaches zurück geben.

Dies wird vielleicht nicht aus der gleichen Richtung kommen, in der Sie es verteilt haben, aber Sie können sicher sein, es wird zurückkommen.

Ein weiteres Beispiel für Ausgleich ist z. B., Sie haben Streit mit einer Person und es wurde nicht bereinigt; der Frieden zwischen Ihnen und dieser besagten Person steht noch aus. Das Universum wird Ihnen diese Person immer wieder zuführen. Sie werden ihr „rein zufällig" hier und da begegnen. Davon könnten Sie ziemlich genervt sein und denken: „Was soll das denn, jetzt läuft mir der- oder diejenige schon wieder über den Weg."

Tatsächlich ist es jedoch so, Sie werden dieser Person so lange begegnen, bis der Frieden hergestellt ist.

Im Universum gibt es keine Ungleichgewichte und es bleibt nichts offen. Das Universum strebt immer nach Ausgleich und Harmonie. Nichts geschieht zufällig! Wir bekommen lediglich immer wieder aufs Neue Gelegenheiten geboten, alles ins Gleichgewicht zu bringen.

Das Gesetz der Polarität – die Gegensätze

Im Gesetz der Polarität geht es um die Dualität. Dies bedeutet, nichts kann existieren ohne einen Gegenpool.

Anfang und Ende, Geburt und Tod, heiß und kalt, Glück und Trauer sind gute Beispiele, um das zu verstehen.

Letzten Endes fließt alles ineinander und die ultimative Wahrheit gibt es nicht. Alles liegt daran, aus welchem Blickwinkel es betrachtet wird.

Ändern Sie Ihren Blickwinkel, indem Sie sich in eine andere Person hineinversetzen, können Sie plötzlich Verhaltensweisen, die auf den ersten Blick vielleicht unverständlich erscheinen, vollkommen nachvollziehen. Somit liegt die Wahrheit immer im Auge des Betrachters. Was auf den ersten Blick vielleicht als unrecht erscheint, wird recht und was als gut erscheint, kann böse werden.

Da jedes Lebewesen ein anderes Empfinden hat, können die Polaritäten miteinander verschmelzen.

Das Gesetz vom Rhythmus – Kreislauf

Um dieses Gesetz zu verstehen, kann man sich einen Kreislauf vorstellen. Alles auf dieser Erde verläuft innerhalb dieser Bahnen. Wir haben die Jahreszeiten, das Leben an sich von Geburt an bis zum „nach Hause gehen"; alles verläuft in Zyklen.

Vergleichbar mit einem Pendel, das von einem Punkt zum Anderen schwingt. Alles auf dieser Erde unterliegt diesem Schwingen.

Die Kunst des Ganzen besteht darin, egal was passiert und ob die Zeiten gerade eher herausfordernd sind oder einem alles leicht von der Hand geht, in seiner eigenen Mitte zentriert zu bleiben.

Betrachten könnte man das Ganze auch so: „Wenn du alles, was dir auf deinem Weg begegnet, dankend annehmen kannst und die helfende Hand Gottes und des Universums darin erkennst, wirst du gesegnet und glücklich sein, mit allen Erfahrungen, die du machen darfst."

Letzen Endes sind wir hier, um zu lernen, zu reifen und dabei in unserer eigenen Mitte zu bleiben, wir selbst zu bleiben. Wenn wir das anstreben, sind wir unglaublich gesegnet.

Bleib du selbst, im Kreislauf des Lebens!

Das Gesetz der Einheit

Das Gesetz der Einheit besagt, dass wir alle männliche und weibliche Energien in uns tragen. Die männliche Energie entspricht eher dem Erschaffen, Werken, Handeln und Tun, während die weibliche Energie eher dem Dichten, Dekorieren, dem „in sich gehen" oder Ausruhen zugesprochen werden kann.

Es wird in der chinesischen Medizin auch von Yin und Yang gesprochen, also das männliche und das weibliche Prinzip in Einklang zu bringen.

Es geht darum, diese Eigenschaften „unter einen Hut zu bringen", zu vereinen und im Gleichgewicht zu halten.

„Workaholik" zu sein ist genauso im Ungleichgewicht wie „Lazy Couch Potatoe" zu sein.

Des Weiteren geht es darum, dass wir Menschen auf diesem Planeten, mit allen Tieren, Pflanzen und Allem, was sonst noch existiert, eine Einheit darstellen. So wie wir unser Yin und Yang im Gleichgewicht halten dürfen, dürfen wir ebenfalls die gesamte Erde im Gleichgewicht halten.

Das bedeutet, wenn wir etwas nehmen, dürfen wir etwas zurückgeben. Nehmen und Geben darf im Gleichgewicht bleiben. Um dies zu erreichen, darf jeder Einzelne von uns seinen Teil dazu beitragen.

Wir sind Alle eins und untrennbar miteinander verbunden

Nehmen wir diese Tatsache einmal unter die Lupe. Wir sind alle eins und untrennbar miteinander verbunden. Stellen wir uns einen Augenblick vor, was das wirklich bedeutet.

Alles, was wir denken, fühlen und tun, wirkt sich auf alles und jeden aus. Eine mächtige Sache. Um das Ganze deutlicher zu machen: Nehmen wir einmal an, wir entscheiden uns dazu, Jäger zu werden, mit dem Bestreben, den Wald und die darin wohnenden Tiere gesund und sauber zu halten. Nach einiger Zeit jedoch fällt uns ein, dass diese Art der Tätigkeit uns doch nicht so erfüllt und wir werden nachlässig.

Die im Wald lebenden erkrankten Tiere werden nicht mehr behandelt und die vom Käfer oder Sonstigem befallenen Bäume nicht entfernt; ruckzuck wird sich die Krankheit der Tiere und der Befall der Bäume ausbreiten und einen Großteil des Waldes betreffen.

Das ist ein kleines Beispiel dafür, wie Taten sich aufs Größere auswirken können. Das Ganze funktioniert auch mit Gedanken und Gefühlen.

Unbearbeitete Gefühle von Erlebtem, das uns vielleicht etwas zugesetzt hatte, formen sich zu Gedanken der Traurigkeit und des Frustes. Bleibt das Erlebte unbearbeitet, in Form von Verdrängung, können daraus Depressionen entstehen. Manchmal entstehen daraus auch Taten, die aufgestaute Emotionen zum Vorschein bringen, in Form von Aggression.

Achte auf deine Gefühle, denn sie werden zu Gedanken und deine Gedanken werden zu Taten. Deine Taten werden bestimmen, wer du sein wirst.

Freiheit entsteht, indem man seine Gefühle zulässt, seine Gedanken reinigt und seine Taten zum Wohle aller Beteiligten plant. Ich lade Sie herzlich dazu ein.

Meditation Lösung verschütteter Emotionen

Schalten Sie alle Störfaktoren aus (Telefon, Türglocke etc.). Legen Sie leise Entspannungsmusik ein und machen Sie es sich bequem.

Atmen Sie tief ein und aus; Sie lassen mit Ihrem Atem alles fallen, was Sie beschäftigt hat. Der Stress beim Arbeiten, der Streit mit einem Freund; alle Ängste und Sorgen verlassen Ihren Körper über Ihren Atem.

Sie werden ruhiger mit jedem Atemzug, den Sie nehmen. Es fließt alles von Ihnen ab. Spüren Sie, wie alles leichter wird.

Tauchen Sie nun langsam in eine tiefe Entspannung. Bitten Sie Ihre Helfer des Himmels herbei, indem Sie sagen:

„Ich bitte alle meine himmlischen Helfer herbei. Bitte löst alle Gefühle der Verletzung aus meinem Körper und meiner Seele. Löst alles, was nicht meinem Besten dient und verwandelt es in reine Liebe."

Entspannen Sie sich tiefer und nehmen Sie die Heilung an. Sehen Sie, wie Ihre Helfer alles Belastende lösen, bis nur die Liebe in Ihrem Herzen bleibt.

Langsam stellt sich ein Gefühl des tiefen Friedens ein. Ruhen Sie sich aus, solange Sie wollen, und bewahren Sie sich dieses Gefühl von tiefem Frieden in Ihrem Herzen.

Bedanken Sie sich bei all Ihren Helfern und kommen Sie langsam zurück ins Hier und Jetzt.

Sie können diese Übung sooft wiederholen, wie es Ihnen guttut. Es kann sein, dass Sie diese Übung ein paar Mal wiederholen dürfen, bis Sie diesen tiefen Frieden spüren können. Je nachdem, wie lange Sie Ihre Emotionen schon hüten.

Um wirklich frei zu werden, bedarf es mehrerer Schritte. Es gibt unterschiedliche Arten der Freiheit.

Die emotionale Freiheit, die mentale Freiheit, die finanzielle Freiheit und die spirituelle Freiheit.

Die emotionale Freiheit

Emotional frei zu sein hört sich hervorragend an. Doch was genau ist diese emotionale Freiheit?

Stellen wir uns einmal vor, wir hätten alles, was uns jemals verletzt hat, zurückgelassen. Diese Erfahrungen sind ein Teil unseres Lebens; sie gehören zu uns. Jedoch machen sie uns nicht aus. Was uns wirklich ausmacht ist, wie wir mit diesen Erfahrungen umgehen. Sehen wir sie als Belastung oder sehen wir sie als Bereicherung, als eine Lernerfahrung, eine Möglichkeit, zu reifen und uns weiterzuentwickeln. Wir können unsere Lebenserfahrungen auch als Trainingseinheit für die nächste Stufe betrachten, die nächste Stufe unserer Entwicklung, hin zu unserem großartigen wahren ICH.

Betrachten wir jede Erfahrung, die wir machen dürfen, als Übung, wie in der Schule. Wir lernen einen Stoff und dann werden wir getestet, ob wir den Stoff verstanden haben. Je nachdem, wie viel von diesem Stoff wir beherrschen, fällt dann die Note entsprechend aus.

So ungefähr können wir es mit unseren Erfahrungen betrachten. Es gibt Menschen, die machen immer und immer wieder die gleichen Erfahrungen. Manchmal fragt man sich dann, warum man jetzt schon wieder diese oder jene Erfahrung gemacht hat; diese oder jene Person in sein Leben gezogen hat.

Tatsächlich ist es jedoch so, das Universum schickt uns immer wieder ähnliche Erfahrungen, so lange, bis wir unsere Lernerfahrung daraus gezogen haben und bei der nächsten Gelegenheit anders handeln oder reagieren. Erst dann bekommen wir neue und andere Erfahrungen. Man kann es sich auch vorstellen wie bei einem Spiel; hat man ein Level bestanden, kommt man ins Nächste.

Um das Ganze deutlicher zu machen; stellen wir uns einmal vor, wir ziehen immer Menschen in unser Leben, die uns auf die eine oder andere Art ausnutzen. Sei es, dass diese Menschen sich unserer Zeit, unseres Geldes oder unserer Emotionen bedienen, indem sie uns manipulieren. Was sollen wir daraus lernen? Die Lernaufgabe für uns wird sein, gesunde Grenzen zu ziehen. Diesen Menschen „Hilfe zur Selbsthilfe" zu geben und sie dann wieder loszulassen.

Es ist völlig in Ordnung, sich in andere Menschen und deren Lage hineinzuversetzen, mit ihnen unsere Emotionen zu teilen, solange dies nicht überhandnimmt und wir dadurch emotional an diese Person gefesselt werden.

Emotional gefesselt sind wir dann, wenn wir tagein, tagaus an nichts anderes mehr denken können und uns ständig mit den Herausforderungen der Anderen beschäftigen, anstelle eine gesunde Grenze zu ziehen und dem Gegenüber „Hilfe zur Selbsthilfe" zu geben.

Ebenso ist es mit Zeit und finanziellen Mitteln, die wir einer Person zukommen lassen; auch hier gilt die Regel, sich gesund abzugrenzen. Geben und Nehmen sollten im Einklang stehen. Teilen wir unser Geld mit einer Person, ist es durchaus auch legitim, dass diese Person uns dafür ihre Zeit schenkt oder anders herum, solange es für alle Beteiligten passt, sonst entsteht eine Schieflage und eine der beiden Personen fühlt sich ausgelaugt.

Noch mal zurück zur emotionalen Freiheit. Frei werden wir dann, wenn wir es schaffen alles, was uns an Erfahrungen begegnet, als helfende Hand Gottes zu betrachten. Die Hand, die uns darauf aufmerksam machen möchte, dass es für uns hier etwas zu lernen gibt. Dann können wir alles als helfende Hand des Universums betrachten, welches uns führt und leitet, zu unserem höchsten Wohle.

Es kann auch sein, dass wir in diesem Punkt alles gelernt haben und jetzt unserem Gegenüber als Lehrer präsentiert werden, damit Dieser lernen und reifen kann.

Können wir uns diese Sicht zu eigen machen, wird uns so schnell nichts mehr aus der Fassung bringen oder kränken können. Begegnet uns eine Situation, in der jemand etwas zu uns sagt oder etwas tut, das in uns dieses Gefühl der Kränkung hervorruft, können wir „in uns gehen" und denken

STOPP!

Was möchten mir diese Situation, diese Worte, diese Tat sagen und was darf ich daraus lernen? Wir ziehen den Lern- und Nutzenfaktor daraus und gehen einfach weiter. Bietet sich daraufhin eine ähnliche Situation, bin ich in der Lage, anders zu handeln oder zu antworten, und somit wird diese Situation auch andere Gefühle in mir hervorrufen, weil ich es geschafft habe, mich rechtzeitig abzugrenzen.

Handeln und reagieren wir nach Möglichkeit immer auf diese Weise, werden wir emotional frei sein und es bleiben.

Eine weitere Möglichkeit, uns emotional einfach rauszunehmen, ist, sich die Frage zu stellen:

"Betrifft das Gesagte oder die Handlung meines Gegenübers wirklich mich und meine Person oder projiziert mein Gegenüber seine Unpässlichkeiten auf mich?"

Es gibt eine Menge Menschen, die ganz gerne ihre Herausforderungen auf ihre Mitmenschen übertragen möchten, um sich für eine kurze Zeit besser zu fühlen, da sie dadurch für eine gewisse Zeit ihre Aufgaben, an den Anderen abgegeben haben. Dies geschieht ganz unbewusst und unabsichtlich.

Deshalb ist es wichtig, sich die Situation genau anzusehen oder das Gesagte genau zu reflektieren. Sehen Sie sich das Leben Ihres Gegenübers genauer an. In welchem Umfeld bewegt er oder sie sich? Über welche Dinge spricht er oder sie oft? Daraus kann man schon eine ganze Menge entnehmen. Sie können so, mit etwas Übung, relativ leicht selektieren, ob es sich hier um eine Projektion Ihres Gegenübers handelt oder ob diese Botschaft oder Handlung tatsächlich für Sie bestimmt war.

Handelt es sich hier um eine Projektion, können Sie das Gespräch einfach freundlich beenden. Betrifft es Sie tatsächlich, können Sie so vorgehen, wie ich es weiter oben beschrieben habe.

Mit ein wenig Übung gelingt es Ihnen rasch, ein Projektionsgespräch taktvoll zu beenden. Eine Möglichkeit wäre, Ihrem Gesprächspartner zu sagen, dass Sie seine Meinung sehr schätzen und seine Einwände auch verstehen, Sie jetzt allerdings Ihrem momentanen Tun nachkommen möchten. Somit haben Sie das eher unangenehme Gespräch beendet, ohne Ihrem Gesprächspartner auf den Schlips zu treten.

Natürlich dürfen Sie Ihre Aussage den Umständen entsprechend anpassen. Haben Sie gerade nichts zu tun, können Sie das Gespräch unterbrechen, indem Sie sagen, dass Sie das Gespräch zu einem anderen Zeitpunkt fortsetzen möchten oder Sie legen sich Ihre eigene Taktik zurecht. Wichtig ist, dass keiner der Gesprächspartner dabei verletzt wird.

Die mentale Freiheit

Um mental frei zu werden und es zu bleiben, dürfen Sie mutig sein. Mutig, denn Sie dürfen sich Ihrer selbst sicher werden.

Was genau bedeutet mentale Freiheit? Diese Art von Freiheit entsteht, wenn Sie sich Ihrer Meinung und Ihrer Entscheidungen sicher sind und diese auch objektiv vertreten können.

Dies bringt für Sie große Vorteile mit sich. Einer der Vorteile ist, dass Sie meinungsstabil bleiben – und damit meine ich nicht stur oder störrisch.

Eine kleine Veranschaulichung für Sie.

Stellen Sie sich vor, Sie haben ein Projekt im Kopf, es ist Ihnen einfach so zugeflogen. Sie wissen einfach, dass es perfekt ist und es kommen Ihnen auch sofort die nötigen Schritte in den Sinn, um es umzusetzen. Ihr Bauchgefühl oder Ihre innere Führung sagen Ihnen, dass absolut alles daran stimmig ist. Sie sind sich sicher, dass dieses Projekt wie für Sie gemacht ist.

Sie erzählen es einem guten Freund oder einer Freundin, die jedoch anfängt, Ihr Projekt zu zerpflücken und Ihnen zu erklären, warum Ihr Projekt nicht funktionieren kann. Es beschleichen Sie Zweifel und Sie rücken ab von Ihrem Vorhaben. Ich denke, so ähnlich hat es jeder von uns schon mal erlebt.

Sind Sie in so einer Situation mental frei, können Sie Ihrem Freund oder Ihrer Freundin für die Information danken. Sie können ihre oder seine Einwände auch in Ruhe überdenken, bleiben jedoch, sofern die Einwände unberechtigt sind, bei Ihrem ursprünglichen Plan und setzen ihn in die Tat um.

Ich weiß, das mentale Freiheit keine leichte Übung ist. Ich hatte auch schon des Öfteren Situationen, in denen ich beinahe von meinen Vorhaben abgerückt wäre.

Wichtig ist jedoch, seinen Weg zurückzufinden und dabei zu bleiben.

Je mehr Erfahrungen wir sammeln dürfen, desto besser wird es uns gelingen, unsere mentale Freiheit zu wahren, unabhängig davon, wie die Welt um uns herum aussieht.

Wahren Sie Ihre mentale Freiheit!

Meditation mentale Freiheit

Legen Sie sich an einen Ort, an dem Sie ungestört sind. Leise Musik begleitet Sie auf Ihrer Reise. Schließen Sie Ihre Augen und lassen Sie Ihren Atem ruhig und langsam in Ihre Lungen strömen.

Sie atmen ruhig und mit jedem Atemzug fließt alles von Ihnen ab. Sie werden ruhiger und ruhiger. Ihr ganzer Körper entspannt sich. Sie gleiten in eine tiefe Entspannung. Ihre Gedanken werden ruhig und alles, was noch in Ihrem Kopf ist, verflüchtigt sich.

Alles, was bleibt, ist Ruhe und ein warmes Gefühl von Geborgenheit.

Bitten Sie nun Ihre himmlischen Begleiter um Hilfe, alles aufzulösen, was Sie an Ihrer mentalen Freiheit hindert. Alle Glaubenssätze, Meinungen und verankerten Verhaltensweisen, die für Sie nicht mehr nützlich sind, lösen sich nun auf.

Sie sehen, wie eine weiße Wolke emporsteigt. In dieser Wolke sind alle Muster, Glaubenssätze und alles, was Sie zurückgehalten hat, enthalten. Alles wird von Ihren Helfern mitgenommen.

Fühlen Sie, wie Ihr Geist frei wird; es wird klar in Ihrem Kopf; absolute Klarheit strömt in Ihren Geist.

KLARHEIT UND RUHE.

Bedanken Sie sich für die Unterstützung Ihrer Helfer und genießen Sie die Klarheit, die Sie gewonnen haben.

Speichern Sie das Gefühl der Klarheit in Ihrem Herzen ab, somit sind Sie jederzeit in der Lage, es abzurufen.

Sie können diese Meditation sooft wiederholen, wie es Ihrem Geist guttut. Sie werden sehen, das mit zunehmender Klarheit Ihre emotionale Freiheit zunimmt.

Es ist ein wunderbares Gefühl, das Sie erfahren werden. Vertrauen Sie sich selbst, Sie können nur gewinnen. Sie sind der Schöpfer Ihres Lebens!

Die finanzielle Freiheit

Die Vorstellung von finanzieller Freiheit zaubert den meisten Menschen ein Lächeln ins Gesicht. Wie aber sieht diese Freiheit aus? Haben Sie sich das schon einmal gefragt?

Für den einen mag diese Freiheit Millionen auf dem Konto bedeuten; für den anderen so viel, dass es jeden Monat reicht. Die Empfindungen hierfür sind ganz unterschiedlich und das ist auch gut so.

Lassen Sie uns eine kleine Reise machen ins Land Ihrer ganz persönlichen finanziellen Freiheit.

Freiheit auf allen Ebenen unseres Seins!

Meditation finanzielle Freiheit

Machen Sie es sich bequem an einem schönen Ort Ihrer Wahl. Dies kann im Garten in Ihrem Liegestuhl sein, in der Sonne oder auf Ihrem Sofa bei leiser Meditationsmusik.

Bitten Sie Ihre Helfer herbei. Erzengel Metatron, der Engel der Manifestation, steht Ihnen gerne zur Seite. Er ist schon da. Spüren Sie seine starke Präsenz, wie seine starke Aura Sie umhüllt.

Ein Gefühl von Wärme, Schutz und Liebe umhüllt Ihren Körper. Ihre Entspannung wird tiefer und tiefer. Sie gleiten mit Ihrem Bewusstsein in Ihre eigene Welt hinab und nichts kann Sie stören. Sehen Sie die Bilder, die vor Ihrem inneren Auge auftauchen.

Spüren Sie die Gefühle, die mit diesen wunderschönen Bildern einhergehen. Wie sieht Ihre Welt aus? Liegen Sie am Strand und hören das Meer rauschen? Vielleicht wohnen Sie auf dem Land in einem schönen Haus, welches in Alleinlage liegt. Sehen Sie dort eine Rehfamilie laufen und hören Sie die Vögel zwitschern. Genießen Sie Ihre Visionen, die in Ihrem Bewusstsein auftauchen.

Sehen und fühlen Sie, wie sich Ihre finanzielle Freiheit anfühlt. Welcher Tätigkeit kommen Sie nach? Sie sehen sich in Ihrem Reich, wie Sie dieser Tätigkeit nachkommen. Diese erfüllt Sie vollkommen mit einer tiefen Zufriedenheit und mit einer tiefen Liebe. Es ist Ihre größte Leidenschaft und Sie spüren große Freude dabei.

Verweilen Sie in diesem Gefühl und bedanken Sie sich bei Ihren Engeln für ihre Unterstützung und Führung.

Öffnen Sie langsam Ihre Augen und speichern Sie diese Gefühle tief in Ihrem Herzen.

Sollten Sie nicht so viel gesehen haben, wie Sie erwartet haben, bitte ich Sie, geduldig mit sich zu sein. Es kann gut sein, dass Sie diese Übung einige Male wiederholen dürfen, ehe Sie Zugang zu Ihren tief verwurzelten Wünschen bekommen. Je nachdem, wie lange Sie diese schon vergraben hatten.

Haben Sie Ihre Wünsche gesehen? Wie sieht Ihre Welt aus? Um finanzielle Freiheit zu erreichen, ist es von großer Bedeutung, dass Sie eine Tätigkeit wählen, die Sie erfüllt. Diese Tätigkeit sollte Ihnen das Gefühl von tiefer Erfüllung und Zufriedenheit schenken. Je mehr von diesen Gefühlen Sie haben, desto besser wird Ihr Geschäft laufen. Wenn Sie einen Beruf aus einer vollkommenen Überzeugung heraus ausüben und Sie dabei glücklich und erfüllt sind, werden Sie finanziell frei werden.

Warum ist das so? Eine Tätigkeit mit voller Leidenschaft und Hingabe zu verrichten, bringt die bestmöglichen Resultate zum Vorschein. Sie machen diese Sache perfekt, weil es nicht nur ein Beruf ist, sondern es ist Ihre

BERUFUNG!

Sie werden all Ihr Wissen, Ihr Können, Ihre gesamten Gefühle und alles, was Sie investieren können, dort hineingeben. Dabei muss ein Meisterwerk entstehen.

Mit dieser Hingabe werden Sie auch mehr finanzielle Mittel in Ihr Leben ziehen. Alles, was wir aus einem Idealismus heraus machen, tun und erschaffen, wird vom Universum, Gott, den Engeln oder woran Sie auch glauben, reich entlohnt werden.

Das Universum kann gar nicht anders – es wird Sie reich beschenken.

Gibt es ein Thema, für das Sie brennen, das Sie so sehr interessiert, dass Sie Stunden und Tage darin versinken, ohne zu bemerken, wie die Zeit vergangen ist? Sehr gut! Das könnte Ihre Berufung sein.

Man könnte es auch so sagen, jeder Mensch hat ein oder mehrere Talente. Etwas, was er oder sie besonders gut kann. Machen Sie Ihr Talent zu Ihrem Geschäft und Sie werden berufliche Chancen und finanzielle Mittel magisch anziehen. Es werden sich Türen öffnen, an die Sie niemals gedacht hätten – wie von Zauberhand.

Menschen werden auf Sie zukommen und Ihnen Angebote machen, für Sie zu arbeiten oder etwas anzufertigen. Richten Sie Ihre gesamte Aufmerksamkeit auf Ihr Projekt, dann wird es zum Erfolg führen. Dieser Erfolg wird für Sie finanzielle Freiheit zum Geschenk haben, da Sie Ihre Tätigkeit nicht als Arbeit oder Ballast sehen, sondern als Vergnügen.

Wie in einem früheren Kapitel beschrieben –

ES GIBT NICHTS MÄCHTIGERES ALS GEBÜNDELTE ENERGIE

Richten Sie Ihre gesamte Aufmerksamkeit auf ein Thema, bündeln Sie Ihre Energie und es muss zum Erfolg führen.

Sie sehen, es ist alles untrennbar miteinander verbunden.

Die spirituelle Freiheit

Dieses Thema ist besonders interessant. Es gibt eine Vielzahl von Religionen und Glaubensgemeinschaften auf dieser Erde. Doch wer hat wirklich recht? Das ist eine spannende Frage.

Ich werde hier keine religiöse Debatte führen, da jeder auf die eine oder die andere Weise recht hat. Liest man die Bibel, den Koran oder die Bibel der Zeugen Jehovas, um nur einige Beispiele zu nennen, gibt es immer einige Parallelen; bestimmte Abschnitte, die sich ähneln.

Möchte man jetzt die Wahrheit für sich finden, sofern man diese nicht bereits gefunden hat, könnte man zu dem Schluss kommen, dass es einen Schöpfer gibt, wie auch immer er genannt wird. Es gibt ja unterschiedliche Namen für Ihn oder Sie. Also einen Ursprungspunkt, von dem alles ausgegangen ist. Wenn wir zu diesem Entschluss kommen, sind wir uns einig, dass wir alle von dem Einen kommen. Sehen Sie die Verbindung?

Alle vom Einen, dass bedeutet, wir alle sind eins.

Das ist wirklich interessant, oder? Woran glauben Sie? Glauben Sie an einen strafenden, rachsüchtigen Gott oder an ein Fegefeuer? Vielleicht glauben Sie auch an einen liebenden, fürsorglichen Gott oder Sie glauben an etwas ganz anderes. Das ist alles in Ordnung, solange es Ihnen ein Gefühl von Geliebt werden und Geborgenheit gibt.

Gehen wir in uns.

Meditation spirituelle Freiheit

Legen Sie sich an Ihren persönlichen Wohlfühlort und schließen Sie Ihre Augen. Um sie herum ist alles ruhig. Vielleicht hören Sie die Vögel zwitschern oder es begleitet Sie leise Entspannungsmusik.

Sie werden ganz ruhig und alles fällt von Ihnen ab. Bitten Sie Ihre Helfer herbei; sie werden Ihnen helfen, alles loszulassen, was Ihnen nicht mehr zu Ihrem Besten dient. Spüren Sie die starke Präsenz Ihrer Helfer und entspannen Sie sich weiter. Tiefe Entspannung macht sich in Ihrem Körper breit.

Stellen Sie sich vor, Sie stehen unter einer warmen Dusche und alles Alte und Verbrauchte wird mit einem besonders heilenden Wasser von Ihren Helfern abgewaschen. Alles Alte fließt von Ihnen ab. Sie sehen, wie es den Abfluss hinunterfließt. Alle Glaubenssätze, die Ihnen nicht mehr zu ihrem Besten dienen, werden weggewaschen.

Sie spüren, wie Sie leichter und leichter werden. Gibt es Bilder oder Erinnerungen, anerzogene Glaubenssätze in Ihren Tiefen des Bewusstseins, die Sie loslassen dürfen?

Spüren Sie, wie alles von Ihnen abfließt. Wie fühlen Sie sich? Frei und rein; leicht und unbefangen. Alles, was nicht Ihrem Besten dient, ist abgeflossen. Bitten Sie nun Ihre Helfer, Ihr Bewusstsein mit gesunden, für Sie förderlichen Glaubenssätzen und Überzeugungen zu füllen und sagen Sie:

„Ich bitte alle meine Führer und geistigen Helfer, mein Bewusstsein mit gesunden Glaubenssätzen und Überzeugungen zu füllen, zu meinem höchsten Wohle.

So sei es, danke!"

Sehen Sie, wie Liebe, Dankbarkeit und das Gefühl von Freiheit zu Ihnen fließen. Füllen Sie Ihr Unterbewusstsein mit diesen Eigenschaften und spüren Sie das tiefe Gefühl von Dankbarkeit. Bewahren Sie sich dieses schöne Gefühl und speichern Sie es in Ihrem Herzen.

Bedanken Sie sich bei Ihren himmlischen Helfern und kommen Sie langsam aus den Tiefen Ihres Bewusstseins zurück.

In den nächsten Tagen und Wochen werden Sie vielleicht Veränderungen in Ihren Glaubenssätzen, Überzeugungen oder Ihrer Art zu denken wahrnehmen.

Das ist sehr gut, denn daran können Sie erkennen, dass Sie tiefgreifende Veränderungen vorgenommen haben, hin zu Ihrer ganz persönlichen Freiheit. Sie können diese Meditation sooft wiederholen, wie sie Ihnen guttut.

Spirituelle Freiheit bedeutet nicht, Ihren Glauben aufzugeben. Es bedeutet, sich frei zu machen von überholten oder schädlichen Glaubenssätzen, die man im Laufe seines Lebens, mal hier und mal da, erworben hat und diese dann durch einen gesunden, lebensbejahenden Glauben zu ersetzen. Einen Glauben, der einen stärkt und unterstützt; mit einer Führung, sei es Gott, die Engel, Jehova oder wie auch immer Sie diese Führung nennen möchten, die Sie bedingungslos liebt und Sie immer in all Ihren Vorhaben unterstützt.

Wir sind allzeit behütet, beschützt, geführt und geliebt.

Na, wie fühlt sich das an? Das ist doch wunderbar! Wir werden in all unseren Vorhaben unterstützt und bestärkt, denn es gibt von der höheren Macht nur eine Antwort, und die lautet:

„JA!"

Das Universum kennt nur ein „Ja". Alles andere gibt es nicht. Es gibt weder „Nein", noch „Vielleicht". Es gibt nur „JA!"

Ich möchte, dass Sie sich diese Worte verinnerlichen.

ES GIBT NUR JA!!!

Als größtes Geschenk haben wir unseren freien Willen bekommen. Wir dürfen selbst entscheiden, was wir tun und was eben nicht. Das hört sich jetzt super an, bringt jedoch einiges an Verantwortung mit sich. Somit sind wir beim nächsten Thema.

Der freie Wille

Super, die Sache mit dem freien Willen! Ist es auch.

Jetzt könnte man natürlich auf die Idee kommen und sagen: „Na gut, ich kann tun und lassen, was ich will."

Auf den ersten Blick ist das richtig, jedoch dürfen wir genau hinschauen, was wir mit unserer Freiheit kreieren. Wie vorhin schon erwähnt, das Universum oder die höhere Macht, kennt kein „Nein", es gibt nur

„Ja!"

Um Ihnen das ein wenig näherzubringen; stellen Sie sich einmal vor, Sie hätten den Wunsch, im Lotto zu gewinnen. Sie sagen: „Ich werde im Lotto gewinnen oder ich werde reich sein." Das hört sich ganz gut an, oder? Tatsächlich ist es aber suboptimal. Das Universum hört: „Ich werde im Lotto gewinnen oder ich werde reich sein, irgendwann."

Der Fokus liegt dabei auf *„Ich werde"* und nicht auf *„Ich bin!"* Das Universum kennt nur die Form der Gegenwart. Sagen Sie jetzt also „Ich werde", werden Sie in die Warteschleife gelegt; d. h. Sie warten und warten und warten und werden irgendwann im Lotto gewinnen. Das Universum hört immer die Gegenwartsform.

Ich habe im Lotto gewonnen! Zudem dürfen Sie an Ihrer Überzeugung arbeiten. Sie dürfen sich zu 100 % sicher sein, dass Sie im Lotto gewonnen haben. Deshalb immer in der Gegenwart sprechen oder denken. In der

„ 'Ich bin'- und ‚Ich habe'-Form".

Dazu bedarf es vielleicht ein wenig Übung. Sie können mit kleineren Dingen beginnen, wie zum Beispiel dem Parkplatz in der Stadt oder einem freien Tag von Ihrem Arbeitgeber, den Sie sich wünschen.

Dann sagen Sie einfach: „Kommenden Dienstag habe ich frei." Sie sind der völligen Überzeugung, dass Sie dann frei bekommen. Sehen Sie das Ganze als kleines Spiel und probieren Sie es einfach aus, mit kleineren belangloseren Dingen. Nachdem Sie Ihren Wunsch ausgesprochen haben, lassen Sie einfach los und lassen die höheren Mächte machen. Sie werden überrascht sein, was Sie alles zaubern können.

Der freie Wille funktioniert natürlich immer. Damit möchte ich sagen, auch in die andere Richtung. Gibt es in Ihren Gedanken pessimistische oder negative Vorstellungen, wird Ihnen das Universum diese in Form von Situationen schicken. Wie es in der Bibel schon heißt,

Es geschehe Dir nach Deinem Glauben.

Es ist von großer Wichtigkeit, Ihre Gedanken und Gefühle von Negativität und für Sie schädlichen Verhaltensweisen und Glaubenssätzen zu reinigen. Sie denken jetzt vielleicht: „Das hört sich leichter gesagt an als getan" und damit liegen Sie richtig.

Es ist im Prinzip eine ständige Entwicklung und Klärung seiner Gedanken und Gefühle. Denn was man im Innersten glaubt, wird sich im Äußeren als Ihre Wahrheit widerspiegeln. Sehen Sie die Zusammenhänge mit den hermetischen Gesetzen – dem Gesetz der Spiegelung?

Genau das ist hier der Fall. Wir machen eine kleine Reise.

Meditation Reinigung der Gedanken und Gefühle

Legen Sie sich an Ihren ganz persönlichen Wohlfühlort. Schließen Sie Ihre Augen und entspannen Sie sich.

Lassen Sie alles, was Ihnen Unbehagen bereitet hat, von sich abfließen. Spüren Sie, wie Ihr Atem ruhig in Ihren Körper strömt und Ihre Lunge füllt. Wonach duftet es? Vielleicht liegt ein zarter Duft von Blumen in der Luft oder es riecht nach Frühlingsluft.

Während Sie sich weiter entspannen, bitten Sie Ihre Helfer herbei und bitten sie darum, dass alle Gedanken und Gefühle, die Sie daran hindern, Ihren Traum zu leben, aufgelöst werden.

„Ich bitte die geistige Welt und all meine Helfer, löst alle Gedanken und Gefühle, die meinem höchsten Wohle nicht länger dienen und führt mich zu meinem höchsten Wohle, danke. Ab dem heutigen Tag sind all meine Gedanken von Licht und Liebe erfüllt."

So ist es, danke!

Alles, was Sie blockiert, wird gelöst und zurück bleibt nur Licht, Liebe und das gute Gefühl, dass Sie vom heutigen Tag an, bis in alle Ewigkeit, all Ihre Entscheidungen zu Ihrem höchsten Wohle treffen.

Sagen Sie leise zu sich: „Von heute an treffe ich immer die Entscheidungen, die meinem höchsten Wohle dienen."

So ist es, danke!

Bedanken Sie sich bei Ihren Helfern und verweilen Sie noch ein wenig in diesem wohligen Gefühl, dass Sie ab heute für sich stets gesunde und förderliche Entscheidungen treffen.

Wie fühlen Sie sich jetzt nach dieser Reinigung?

Erleichtert und glücklich? Das ist fantastisch, weil Sie jetzt bewusst beginnen können, Ihren freien Willen für sich zum Besten einzusetzen.

Ich gratuliere Ihnen von ganzem Herzen.

Jetzt könnte man denken, jede Entscheidung, die getroffen wird, sollte zum Besten für Sie und alle Beteiligten sein. Das ist grundsätzlich richtig. Dabei gilt es jedoch zu berücksichtigen, dass Sie gar nicht wissen, was für jemand anderen das Beste ist, denn das kann nur jeder für sich selbst entscheiden.

Die Entscheidungen, die Sie für sich persönlich treffen, sollten Ihrem höchsten Wohle dienen, damit Ihre Seele Frieden findet, dabei jedoch keinem anderen Menschen zum Schaden sein. Das hört sich jetzt vielleicht schwierig an, ist aber gar nicht so kompliziert.

Nehmen wir ein Beispiel. Stellen Sie sich vor, es wäre Ihr Wunsch, sich in Ihrem Beruf selbstständig zu machen. Sie sind momentan in einem Arbeitsverhältnis angestellt. Dann könnte eine für Sie und Ihren Arbeitgeber gesunde Lösung sein, dass Sie mit Ihrem Chef sprechen und ihn in Ihre Pläne einweihen. Sie bitten ihn darum, Ihre Arbeitszeit zu reduzieren; so gewinnen Sie Zeit, um sich Ihrem Vorhaben zu widmen. Ihr Chef weiß, dass Sie in absehbarer Zeit aus seinem Betrieb aussteigen werden und kann sich in Ruhe einen neuen Mitarbeiter suchen, der dann an Ihre Stelle tritt.

Sehen Sie, so haben Sie für sich gesund gehandelt und auch zu einem höheren Wohle für Ihren Chef und alle Beteiligten können zufrieden sein.

Wir haben vom Universum oder der höheren Macht unseren freien Willen bekommen, als größtes Geschenk, damit wir uns frei entwickeln und entfalten können.

Das ist zum Einen eine große Verantwortung, zum Anderen ein großer Vertrauensbeweis, dass wir unsere Sache gut machen, denn in jedem von uns wohnt das Göttliche.

Der freie Wille und das Karma

Wie vorhin beschrieben haben wir alle einen freien Willen bekommen. Jeder Mensch auf dieser Erde kann diesen Willen nutzen. Mancher nutzt ihn bewusst, ein anderer unbewusst, je nach dem Grad des Bewusstseins.

Je weiter wir in unserer Entwicklung vorangeschritten sind, desto weniger sind wir damit beschäftigt, unsere etwas „unüberlegten Taten" auszubügeln.

Jetzt könnte manch einer sagen: „Welche unüberlegte Taten?"

Man könnte auch „unbewusste Handlungen" dazu sagen.

Hierzu ein kleines Beispiel. Stellen Sie sich vor, Ihr Traum ist es, ein eigenes Haus zu bauen. Sie haben alles kalkuliert; alle Kosten, der Plan ist gezeichnet, alles ist unter Dach und Fach. Sie bauen Ihr Haus und beziehen es mit Ihrer Familie.

Die Hausfinanzierung läuft zehn Jahre und Sie wurden mit Ihrem Gehalt ziemlich ans Limit gefahren, d. h., es läuft rund, aber dazwischenkommen darf nicht viel.

Nach Ablauf der zahn Jahre gibt es mit der Bank, bei der Sie Ihre Hausfinanzierung vereinbart haben, eine Neufinanzierung. Zu diesem Zeitpunkt ist noch eine gewisse Summe des Darlehens offen.

In der Zwischenzeit haben sich die Finanzierungszinssätze jedoch stark verändert. Sie sind gestiegen und da Sie zuvor bereits am Limit waren, können Sie das Darlehen mit diesem Zinssatz nicht mehr ausgleichen.

Plötzlich fallen Ihnen die sprichwörtlichen „Schuppen von den Augen". Dieser Punkt war für Sie zum damaligen Zeitpunkt noch nicht ersichtlich. Zum jetzigen Zeitpunkt hat sich ihr Bewusstsein erweitert und Sie können das gesamte Ausmaß der Dinge erkennen.

Somit wird es jetzt zu Ihrem Karma, dieses Darlehen auszugleichen und Ihre früher getroffenen Entscheidungen oder Taten in den Einklang zu bringen.

Diese kleine Geschichte ist ein ganz alltägliches praktisches Beispiel für den freien Willen und die damit verbundenen Konsequenzen, die jeder von uns zu tragen hat.

Alle Entscheidungen, die wir tagtäglich treffen, wirken sich auf uns und unser Umfeld aus.

Wir haben als größtes Geschenk unseren freien Willen bekommen. Dieser schenkt uns die Möglichkeiten, zu kreieren, was auch immer wir gerne hätten.

Dessen sind sich jedoch noch lange nicht alle Menschen bewusst.

Diesen Vorgang nennt man auch die Manifestation. Wie wir weiter vorn in unserem Buch bereits besprochen haben, kann jeder von uns manifestieren. Das hört sich jetzt ein wenig wie „Abra Kadabra" an, ist dennoch recht einfach zu verstehen.

Sie erinnern sich -

Alles ist Energie und am Anfang steht immer der Gedanke.

Nur wo kommt dieser Gedanke her?

Nun könnte man rein wissenschaftlich sagen, dass unsere Gedanken natürlich in unserem Gehirn entstehen und je nach Lebenserfahrung, die jeder Einzelne von uns sammeln dufte, fallen dann die darauffolgenden Entscheidungen aus, die getroffen werden.

Wäre das ein gesunder Kreislauf oder eine für uns eher ungesunde Vorgehensweise? Denken wir mal kurz über diese Behauptung nach.

Nehmen wir einmal an, jemand hat die Erfahrung gemacht, von seinem Partner, dem er sozusagen blind vertraut, betrogen worden zu sein; betrogen in welcher Form auch immer. Es gibt ja unterschiedliche Arten des Betrugs.

Es könnte ein finanzielles Ausnehmen sein oder der Partner hat einen anderen Menschen kennengelernt, ist mit diesem Menschen parallel zu seiner noch bestehenden Beziehung eine Bindung eingegangen. Ihr Partner hat Sie immer wieder belogen, etwas vor Ihnen verheimlicht usw.

Das alles ist dann der freie Wille Ihres Partners. Sie speichern all diese Erfahrungen natürlich ab. Alles, was wir erleben, wird in unserem Unterbewusstsein abgespeichert. Würden Sie jetzt also ausschließlich aufgrund Ihrer gemachten Erfahrungen reagieren, würden Sie ab dem jetzigen Zeitpunkt wohl kaum jemals wieder einem neuen Partner vertrauen können oder im schlimmsten Fall lassen Sie sich, in Ihrem jetzigen Leben, auf keine neue Partnerschaft mehr ein.

Wie fühlt sich das denn an? Ich möchte sagen, wohl eher ungesund für jeden von uns.

Nun kommt das Karma ins Spiel, da Ihr Partner durch seine Taten eine Negativbilanz auf seinem Karma-Konto erschaffen hat, indem er Ihnen Schaden zugefügt hat, wird er es irgendwann ausgleichen müssen. Dieser Ausgleich muss nicht an Sie gerichtet sein, er kann auch erst viel später von einer anderen Seite her beglichen werden. Es kann geschehen, dass Ihr Expartner in seiner neuen Beziehung, sein bei Ihnen gemachtes Karma bewältigen darf.

Sie im Gegenzug werden in Ihrer nächsten Partnerschaft auf Händen getragen und Ihr neuer Partner wird Ihnen sprichwörtlich „die Sterne vom Himmel holen".

Sehen Sie, alles bedarf dem Ausgleich!

Der Ausgleich für Handlungen, Taten oder Worte kommt immer. Das Universum ist immer gerecht und jeder bekommt das, was er sich verdient hat, sowohl im positiven als auch im anderen Sinne.

Wenn alles, was Sie tun oder sagen, aus reinem Herzen kommt, werden Sie stets eine positive Bilanz auf Ihrem Konto haben und infolgedessen auch nur positive Ergebnisse erhalten.

Jetzt kommt vielleicht ein Einwand, da Sie denken: „Es gibt Menschen, die haben noch nie irgendjemandem etwas Schlechtes getan und scheinen nur Pech zu haben."

Diese Gedanken sind berechtigt, jedoch wissen Sie nicht, welches Karma der Betreffende in dieses Leben mitgebracht hat.

Wenn unser Körper aus diesem Leben geht, bleibt unsere Seele im sogenannten „Jenseits", bei Gott und den Engeln. Dort schauen unsere Geisthelfer und Engel gemeinsam mit uns unser vergangenes Leben an; es wird besprochen, was wir gut gemacht haben und wo wir anders hätten reagieren oder handeln können.

Wir alle haben, bevor wir in dieses Leben kommen, einen Plan mit Gott und den Engel gemacht; einen Plan, was wir in diesem Leben lernen möchten, welche Erfahrungen wir sammeln möchten. Dies dient unserer ganz persönlichen Entwicklung. Wir dürfen lernen und reifen.

Haben wir alles gelernt, was wir uns vorgenommen hatten, können wir entweder einen neuen Plan mit unseren Engeln vereinbaren, der neue Lernerfahrungen bringt, oder die Seele entscheidet sich, dort zu bleiben und sich weiter zu entwickeln, in der geistigen Ebene.

Vielleicht begleiten Sie einen geliebten Menschen, führen und leiten ihn. All das ist möglich.

Manche Seelen möchten auch unbedingt noch mal hier auf der Erde inkarnieren, um der Erde im größeren Sinne zu helfen oder um endlich Frieden mit den Menschen zu machen, mit denen es im letzten Leben leider nicht geklappt hat.

Wie auch immer, jeder von uns hat seinen ganz eigenen Plan und unsere Aufgabe ist es, sich daran zu erinnern und diesen dann umzusetzen.

Unser freier Wille wurde uns geschenkt, um hier auf Erden das Bestmögliche für alle, für Mensch, Tier und Natur zu machen. Das ist ein großartiges Geschenk, verbunden mit großer Verantwortung. Dessen dürfen wir uns bewusst werden. Wie es in der Bibel schon heißt:

„Dein Wille geschehe, wie im Himmel so auf Erden."

Energie und Manifestieren

Schön, dass wir gemeinsam diese Themen erörtern dürfen und dass Sie bereit sind, Ihr Leben in Ihre eigenen Hände zu nehmen und dies ganz bewusst. Ich freue mich, dass Sie meine Zeilen lesen.

Das Thema Energie haben wir bereits an einer früheren Stelle des Buches schon kurz angesprochen. Ich möchte Ihnen noch mehr darüber erzählen.

Wie wir bereits gelesen haben, ist alles im Universum Energie. Jedes Möbelstück, die Pflanzen, die Berge, die Häuser, einfach alles ist Energie. Selbst unser Körper besteht aus reiner Energie.
Moment, unser Körper? Ja, Sie haben richtig gelesen!

Ein kurzer Ausflug in die Wissenschaft. Die kleinsten uns bekannten Einheiten in der Chemie sind die Atome, die Ionen, die Protonen und die Neutronen. Die Atome mit Ihrem Periodensystem kennt jeder aus dem Chemieunterricht. Spaltet man diese Atome weiter auf, bleibt am Ende nur noch Licht übrig.

Genau wie beim menschlichen Körper. Die kleinste Einheit im menschlichen Körper ist die Zelle. Jedes Organ, das Blut, die Knochen und sonst auch alles besteht aus einer Zusammensetzung von ganz vielen Zellen.

Was passiert jedoch, wenn man diese Zellen weiter spaltet oder zerlegt? Ab diesem Zeitpunkt geht die Wissenschaft in ein anderes Wissen über. Die Zellen werden zu Licht.

Betrachten wir das näher, ist Licht der Ursprung aller Materie. Unsere Gedanken bestehen ebenfalls aus Licht. Alles ist Licht und Energie. Jetzt sind wir an dem Punkt angelangt, an dem alles klarer wird.

Stellen wir uns einmal vor, dass alles auf dieser Erde in seinem Ursprung aus Licht besteht. Unsere Gedanken entstehen, indem uns Lichtsignale vom Universum gesendet werden und in unserem Gehirn formen sich dann die Gedanken. Unsere Gedanken werden zu unseren Worten, unsere Worte werden zu unseren Taten und diese formen unseren Charakter.

Jetzt könnte ein Einwand kommen, diese Theorie sei weit hergeholt. Dieser Einwand ist berechtigt. Es gibt in der Zwischenzeit schon seit Längerem einen wissenschaftlichen Beweis, dass dies möglich ist. Laut Albert Einstein lässt sich Materie in Energie umwandeln und umgekehrt. Sie können dies in unterschiedlichen Quellen nachlesen, z. B. in der Zeit online.

Nun, Energie formt unsere Welt. Das ist ja wirklich aufregend und wunderbar. Können Sie sehen, was für eine große Macht Sie haben?

Eine große Macht und zugleich eine große Verantwortung.

Stellen wir uns vor, Sie wünschen sich einen liebevollen Partner, der Sie aufrichtig liebt, mit dem Sie schöne Stunden verbringen können. Er sollte spirituell sein, jedoch die nötige Bodenständigkeit besitzen oder auch Erdung, um auf dieser Erde die Dinge auch in die Tat umsetzen zu können.

Sie malen sich in Ihren Gedanken Ihren Traumpartner oder Ihre Traumpartnerin in allen Einzelheiten aus. Sie können ihn oder sie bereits fühlen, vielleicht liegt auch manchmal ein zarter, angenehmer Duft in der Luft.

Eines Tages bittet eine Freundin Sie, ihr beim Umzug zu helfen. Sie sagen zu. Der Umzug beginnt und plötzlich steht er da, Ihr Traumpartner. Sie sehen ihn und wissen sofort, das ist er!

Genau so funktioniert Energie und Manifestation. Sie schicken positive Energien weg, verbunden mit angenehmen Gefühlen und einem Hauch von Vorfreude. Sie tun das, sooft Ihnen der Sinn danach steht. Hat sich Ihre ausgesendete Energie genügend gebündelt, tritt das von Ihnen gewünschte Ereignis ein. Sie haben jetzt bewusst manifestiert, herzlichen Glückwunsch.

Bitte denken Sie daran - Alles, was Sie aussenden, werden Sie bekommen. Sie manifestieren sich Ihre Situationen, Partner und Lebensumstände jeden Tag aufs Neue.

Es gilt jedoch zu bedenken, dass Ihr Partner auch jeden Tag aufs Neue manifestiert, d. h. wenn Sie Harmonie und einen liebevollen Umgang in gegenseitigem Respekt und Achtung manifestieren und Ihr Partner manifestiert Unfrieden, weil in seinem Inneren ein Vulkan brodelt, aus den unterschiedlichsten Gründen, wird Ihre Manifestation nicht von Dauer sein, vor allem wenn Ihr Partner in seine Visionen mehr Frustenergie als Harmonie einfließen lässt.

Die Frustenergien sind sehr kräftig und es braucht eine große Portion an lichter Manifestation, dies auszugleichen.

Sie können in so einem Fall Gott und die Engel um Hilfe bitten, Ihrem Partner zu helfen, lichter zu werden und seine Emotionen zu bereinigen. Denken Sie daran, dass Ihr Partner auch einen freien Willen hat und sich in seinem energetischen Umfeld unter Umständen sehr wohlfühlt.

In so einem Fall liegt die Verantwortung bei Ihrem Partner. Es gehört nicht zu unseren Aufgaben, permanent die Verstrickungen unserer Mitmenschen zu lösen. In solch einem Fall dürfen Sie sich überlegen, ob diese Beziehung noch Ihrem Besten dient und ob Sie Ihren Partner lieber in Liebe gehen lassen, damit jeder von Ihnen sich frei weiter entwickeln kann.

Sie können mit Ihrer Manifestation Ihr Umfeld nicht manipulieren, sonst laden Sie sich unter Umständen das Karma des anderen auf und das möchte niemand. Kommen wir in eine Situation, in der wir nicht weiterwissen, können wir Gott und die Engel um Hilfe bitten, indem wir sagen:

„Lieber Gott und all meine Engel, bitte helft mir diese Situation zu lösen, zum besten Wohle für alle Beteiligten. Ich danke euch von Herzen!

Wir lassen die Situation jetzt los und vertrauen darauf, dass uns die Lösungen in den Sinn kommen werden. Am besten schlafen wir darüber und wenn die Zeit reif ist, werden wir geführt und geleitet werden, um diese Situation zum besten Wohle für alle zu lösen.

Alles geschieht immer genau zur richtigen Zeit.

Nehmen wir einmal an, Sie wünschen sich einen friedlichen Umgang mit Ihren Arbeitskollegen. Dort herrscht zuweilen ein rauer Wind. Die Kollegen haben aber noch karmische Verstrickungen miteinander, die jetzt ausgeglichen und gelöst werden sollen.

Es ist noch nicht die Zeit für Frieden und sanfte Umgangsformen – also können Sie manifestieren, wie Sie möchten, aber die Verstrickungen müssen zuerst gelöst sein. Das ist jedoch nicht Ihre Aufgabe, sondern jeder ist für sich selbst verantwortlich, sein Karma auszugleichen.

Was Sie jetzt tun können, um Ihren Traum vom friedlichen Arbeitsumfeld zu verwirklichen; bitten Sie Gott und die Engel um Hilfe, Ihnen eine andere Arbeitsstelle mit friedlichem und liebevollem Umgang zu schicken.

Stellen Sie sich vor, wie diese Arbeitsstelle sich anfühlt, wie die neuen Kollegen liebevoll und rücksichtsvoll miteinander umgehen. Dann passiert Folgendes, entweder Sie bekommen eine neue Arbeitsstelle oder die unfriedlichen Kollegen wechseln ihr Arbeitsumfeld.

Die Manifestation gilt für alle Bereiche Ihres Lebens. In welchem Bereich wünschen Sie sich andere Umstände?

Nehmen Sie sich jetzt die Zeit, um sich über den für Sie wichtigsten Bereich klar zu werden.

Haben Sie Klarheit gewonnen über den für Sie wichtigsten Bereich, legen Sie los!

Lassen Sie uns gemeinsam manifestieren.

Legen Sie sich an Ihren ganz persönlichen Wohlfühlort und schließen Sie Ihre Augen. Lauschen Sie der leisen Entspannungsmusik und spüren Sie, wie Ihr Atem in Ihre Lungen strömt.

Sie atmen ein und aus und mit jedem Atemzug entspannt sich Ihr Körper mehr und mehr. Vielleicht liegt eine angenehme Brise von Frühling in der Luft. Lassen Sie Ihren Atem fließen und tauchen Sie ein in eine tiefe Entspannung.

Sie sind tief entspannt und tauchen ein in die Tiefen Ihres Bewusstseins. Welche Gefühle und Bilder steigen empor? Welche Wünsche sehen oder spüren Sie?

Lassen Sie sich Zeit und schauen Sie all Ihre Wünsche an. Welcher ist Ihnen am wichtigsten? Welchen Wunsch möchten Sie sich zuerst erfüllen? Während Sie Ihren Wunsch so sehen, überkommt Sie ein tiefes Gefühl der Freude. Sie sehen und fühlen, wie sich Ihr Wunsch erfüllt.

Sie fühlen eine große Freude und ein tiefes Gefühl der Erfüllung macht sich in Ihrem Herzen breit.

Sie wissen, dass sich Ihr Wunsch jetzt erfüllt hat, und spüren tiefe Dankbarkeit. Verweilen Sie so lange Sie wollen in diesem Gefühl. Speichern Sie die Freude und Dankbarkeit in Ihrem Herzen und kommen Sie langsam zurück ins Hier und Jetzt.

Das Zusammenspiel von Vorstellung, Freude und Dankbarkeit wird bei der Erfüllung Ihrer Wünsche den Turbo zünden. Diese drei Dinge sind die Basis zur Realisierung all Ihrer Träume. Erst wenn Sie sich vorstellen können, etwas zu besitzen oder erreicht zu haben, kann es zu Ihnen kommen. Sie können diese Meditation sooft wiederholen, wie es Ihnen guttut.

Das Gesetz der Schwingungen

Wir haben bereits kurz über das Gesetz der Schwingungen gesprochen. Alles im Universum schwingt. Es gibt Dinge, die haben eine hohe Schwingung und andere haben eine niedrigere Schwingung.

Wir machen das Ganze jetzt etwas deutlicher. Worte können entweder eine heilsame Wirkung haben oder sie können verletzen und zerstörerisch wirken.

Stellen Sie sich vor, Sie haben ein Kind, dem Sie immer wieder sagen, wie talentiert und großartig es ist. Sie sagen ihm, dass es alles erreichen kann, weil es intelligent, großzügig und voller Ideenreichtum ist. Was glauben Sie, was diese Worte bei Ihrem Kind auslösen? Denken Sie kurz darüber nach, welche Gefühle dies bei Ihrem Kind auslösen wird.

Sind Sie soweit, prima! Ihr Kind wird sich großartig fühlen, wertgeschätzt und es wird zu einem ganz tollen Erwachsenen heranreifen, der an seine Fähigkeiten glaubt, voller Zuversicht, weltoffen und voller Selbstvertrauen.

Das haben Sie toll gemacht. Sie haben Ihren Nachwuchs bestärkt und ihn als das gesehen, was er in Wahrheit ist - eine kreative Seele mit einzigartigen Eigenschaften, die es zu fördern gilt und wertzuschätzen. Wir dürfen uns immer dessen bewusst sein, dass jede Seele, die bei uns inkarniert, im Vertrauen zu uns kommt, mit der Absicht, sich hier in ihrer Einzigartigkeit verwirklichen zu dürfen.

Das bedeutet nicht, dass Sie ihrem Nachwuchs alles durchgehen lassen sollen. Im Gegenteil, aus meiner Sicht ist es unsere Aufgabe als Eltern, unsere Kinder zu ihrem höchsten Wohle zu führen und zu leiten. Das ist es, was wir im Vorfeld miteinander vereinbart hatten.

Im Gegenzug funktioniert es auch. Sagen Sie Ihrem Kind wenig wert-schätzende Dinge, beschimpfen es oder misshandeln es gar, wird es sich zu einem misstrauischen Erwachsenen entwickeln, der über wenig Selbstvertrauen verfügt und verschlossen sein könnte.

Fühlen Sie, wie sich die Schwingungen unterschiedlich auswirken. Je nachdem, wie Sie Ihren Fokus legen, wird sich alles entwickeln.

Dieses Gesetz wirkt sich natürlich auch unmittelbar auf uns und unser Leben aus. Welche Menschen umgeben Sie? Sind es Menschen, die freundlich und aufgeschlossen sind, die Sie wertschätzen und liebevoll mit Ihnen umgehen? Oder sind es eher andere Menschen? Gehen Sie einmal in sich und prüfen für sich selbst Ihr soziales Umfeld.

Meditation liebevolles Miteinander

Legen Sie sich an einen Ort, an dem Sie sich am Wohlsten fühlen. Ma-chen Sie es sich bequem und schließen Sie Ihre Augen. Spüren Sie, wie Ihr Atem sanft fließt. Sie entspannen sich und alles um Sie herum wird ruhig. Vollkommene Ruhe durchströmt Ihren Körper und Ihren Geist.

Bitten Sie Ihre Helfer herbei. Die geistige Welt hilft Ihnen sehr gerne. Sie wartet nur auf Ihre Bitte, um Sie unterstützen zu dürfen. Sehen Sie, wie alles um Sie herum sich in rosafarbenes Licht hüllt.

Sie sehen die Menschen, die Sie im Alltag begleiten, Ihren Lebens-partner, Ihre Kinder, Ihre Arbeitskollegen. Sehen Sie, wie diese Ihnen zuvorkommend, liebevoll und voller Mitgefühl begegnen.

Spüren Sie, wie diese Liebe auf Ihren Körper und Ihre Seele wirkt. Sie fühlen sich wohl und angenommen. Sie sind angekommen und ein warmes Gefühl der Liebe und Freude durchströmt Ihr gesamtes Sein.

Sie sehen, wie die Menschen in Ihrem Umfeld Sie unterstützen und Sie liebevoll begleiten. Ein tiefes Gefühl der Dankbarkeit und der Freude durchströmt Ihren Körper und Ihre Seele.

Verweilen Sie in diesem Wohlgefühl, solange Sie wollen, und bedanken Sie sich bei der geistigen Welt für die liebevolle Führung.

Sie können diese Meditation auch mit jedem einzelnen Mitmenschen durchführen. Lassen Sie sich einfach von Ihrem Gefühl leiten und Sie werden überrascht sein, was Ihnen in den kommenden Tagen begegnen wird.

Liebe, Wertschätzung und Dankbarkeit sind die wichtigsten Dinge, die wir unserem Umfeld schenken können.

Entweder werden Ihre Mitmenschen einsteigen in diesen Zug oder sie werden sich allmählich aus Ihrem Umfeld entfernen und Sie werden keine Berührungspunkte mehr mit ihnen haben, weil Ihre Schwingung sich verändert hat.

Ihre Schwingung hat sich erhöht und wie wir bereits wissen, zieht Gleiches und Gleiches sich an. Die Schwingungen gleichen sich an.

Darauf möchte ich näher eingehen. Die Schwingungen gleichen sich an. Was genau bedeutet das?

Nehmen wir einmal an, Sie betreten einen Raum, in dem fünf Menschen sitzen; die Stimmung dort ist eher trübe. Sie hingegen haben sehr gute Laune. Es geht Ihnen gut. Sie strahlen nur so vor Freude. Was passiert dann?

Die Stimmung der fünf Anwesenden wird sich aufgrund Ihrer Anwesenheit deutlich heben. Die dort Anwesenden werden sich gleich deutlich besser fühlen. Ihre Stimmung kann durch die Trübung der Anderen etwas gedämpft werden. Das nennt man dann Schwingungsangleichung.

Die eine Schwingung hebt sich und die andere Schwingung senkt sich ein wenig.

Gleichermaßen funktioniert das mit der Angst. Haben Sie das schon mal erlebt? Sie treffen auf eine Gruppe von Menschen, die sich vor einer bestimmten Sache fürchten. Diese Menschen malen sich sogenannte „Worst Case Szenarien" aus und Sie sitzen mittendrin. Es braucht dann schon ein hohes Maß an Selbstsicherheit und Frohsinn, sich da abzugrenzen.

Ich denke, dass beinahe jeder von uns schon einmal in solch einer Situation gewesen ist. Ich möchte Ihnen eine praktische Hilfe an die Hand geben, um sich in solchen Situationen abzugrenzen.

Dazu gibt es unterschiedliche Möglichkeiten. Zum Einen können Sie sich dieser Situation entziehen, indem Sie sich freundlich von den Menschen verabschieden und gehen. Damit haben Sie sich unmittelbar rausgenommen.

Nun ist es manchmal jedoch nicht ganz so einfach. Es gibt Situationen, in denen wir nicht einfach gehen können. In solchen Situationen können Sie Gott und die Engel ganz einfach bitten, Sie energetisch zu schützen. Sie können Erzengel Michael – das ist der Engel des Schutzes – bitten, sich hinter Sie zu stellen und Sie zu schützen. Sie denken dann einfach:

„Erzengel Michael, bitte komm und breite deine schützenden Flügel über mich aus. Schütze mich vor diesen Energien. Danke. "

Sie können die geistige Welt auch bitten, Sie in ein Licht zu hüllen, dass diese Hülle Sie schützen möge, indem Sie denken:

„Ihr lieben Engel, bitte hüllt mich in Euer weiß-goldenes oder rosafarbenes Licht, damit nur Energien zu mir durchdringen, die der Liebe und dem Licht entsprechen. "

(die Farbe wählen Sie frei aus)

Diese Bitte um Schutz ist sehr mächtig und äußerst wirkungsvoll. Jetzt gibt es zwei Möglichkeiten: Entweder die Angst der Mitmenschen flacht ab und es entsteht ein angenehmes Gesprächsthema oder Sie bleiben davon vollkommen unberührt und können das ganze Geschehen aus der Beobachterperspektive betrachten. So oder so, Sie bleiben unberührt.

Ein weiteres mächtiges Werkzeug ist, die Menschen mit Licht und Liebe zu segnen. Diese Segnungen funktionieren auch bei aufgeregten Tieren. Es ist hochinteressant. Sie können die Macht des Segnens zu Übungszwecken auch erst mal spielerisch in kleineren Situationen üben und ausprobieren.

Spielen Sie ein wenig und lassen Sie sich von den fantastischen Ergebnissen überraschen.

Die Macht der Segnung

Segnungen sind bereits aus der katholischen Kirche bekannt. Jedoch möchte ich Ihnen hier eine etwas andere Art des Segnens näherbringen. Lassen Sie uns gemeinsam einen Ausflug starten.

Stellen Sie sich einmal vor, Sie sitzen in einem Gespräch mit einem Ihrer Mitmenschen. Sie unterhalten sich und jeder von Ihnen sieht die Dinge ein wenig anders. Jeder möchte dem anderen seinen Standpunkt nahebringen und das Gespräch erhitzt sich. Es entstehen Missverständnisse und Sie merken, wie Ihr Gegenüber langsam kocht. Die Lage wird unentspannt.

Sie können die Situation ganz einfach entschärfen, indem Sie Ihr Gegenüber weiterreden lassen. Sie nehmen sich aus dem Gespräch raus und hören einfach nur zu. Während Sie zuhören, beginnen Sie Ihr Gegenüber zu segnen, indem Sie ihn ansehen und denken:

„Ich segne dich mit Licht und Liebe."

Diesen Gedanken wiederholen Sie fortlaufend, während Sie Ihren Gesprächspartner ansehen. Sie werden bemerken, wie sich die Situation entspannt und das gibt Ihnen beiden die Chance, Ihr Gespräch auf einer gesunden und ruhigen Basis fortzusetzen. Sie werden sehr positiv überrascht sein, wie schnell sich das Gespräch beruhigt.

Segnungen funktionieren unter anderem auch ganz hervorragend bei Kindern. Kennen Sie die folgende Situation? Die Kinder sind aus irgendeinem Grund im Ungleichgewicht, die Situation erhitzt sich und es kommt zum Streit. Die Kinder streiten, Sie sind genervt und reagieren dementsprechend mit verbaler Gegenreaktion darauf.

Das Resultat, Alle sind genervt und vielleicht vergießt ihr Nachwuchs seine kostbaren Tränen. Das sind typische Situationen, die jeder von uns kennt. Bietet sich Ihnen noch mal so eine Gelegenheit, können Sie kurz innehalten und denken:

„Ich segne euch mit Licht und Liebe."

Denken Sie diesen Satz fortlaufend und spüren Sie, wie der Friede in Ihr Herz einzieht. Sie werden angenehm überrascht sein, wie schnell sich die Kinder im Frieden wiederfinden.

Interessant ist zudem, dass das Segnen ebenfalls eine große Wirkung bei Tieren zeigt. Die Tierwelt ist lange nicht so „gedankenverkappt" wie wir Menschen.

Sie können das Segnen Ihres Haustieres gerne einmal als spielerische Übung betrachten. Ist Ihre Katze oder Ihr Hund aufgebracht, ängstlich oder verärgert, nehmen Sie sich ein paar Minuten Ruhe und denken Sie:

„Ich segne dich mit Licht und Liebe."

Bleiben Sie einfach in Ihrer Mitte und beobachten Sie, wie sich das Verhalten Ihres Haustieres verändert. Es ist äußerst interessant zu beobachten, wie schnell Ihr Liebling wieder ins Gleichgewicht kommt.

Die Macht der Segnungen kann für alle möglichen Situationen einge-
setzt werden. Es ist ein geniales Werkzeug, um bereits im Vorfeld,
schon bevor Sie in einer Situation sind, zu agieren.

Sie können zum Beispiel auch Gespräche, die anstehen, im Vorfeld
segnen. Stellen Sie sich vor, Sie haben einen Gesprächstermin mit Ihrem Chef. Es könnte um eine Beförderung für Sie gehen und Sie sind
aufgeregt oder Ihr Chef ist eher streng und Sie haben ein flaues Gefühl
im Bauch beim Gedanken an dieses Gespräch. Dann haben Sie hier ein
wunderbares Hilfsmittel zur Hand.

Sie nehmen sich zu Hause ein wenig Zeit zur Entspannung. Sie können
sich setzen und atmen tief durch, dann sagen oder denken Sie:

*„Ich segne das bevorstehende Gespräch, dass heute Mittag statt-
findet, mit Licht und Liebe. Es wird zum Besten für mich und
alle Beteiligten sein, in Frieden und Harmonie."*

So ist es und so sei es!

Im Anschluss lassen Sie dieses Gespräch einfach los. Sie tun etwas, dass
Ihnen Freude bereitet oder hören schöne Musik. Sie haben jetzt Ihren
Willen in das Universum gesendet und das Universum wird dem nach-
kommen.

Vollkommen egal, was Sie tun oder in welcher Situation Sie sich befinden, Sie können alles und jeden jederzeit segnen; Sie werden sehen, wie
sich die Dinge wie von Zauberhand zum Positiven wandeln.

Selbst Ihre Speisen und Getränke können Sie segnen, damit Diese zu
Ihrem höchsten Wohle aufgenommen werden und Ihren Körper optimal versorgen, mit allem, was er benötigt.

Sie sehen, dass alles grenzenlos ist! Spielen Sie ein wenig, es kann immer nur gut werden. Sie werden positive und erstaunliche Erfahrungen
sammeln dürfen. Freuen Sie sich darauf.

Das Gesetz der Spiegelung

Das Thema des Spiegelgesetzes haben wir schon kurz angeschnitten. Ich möchte an dieser Stelle gerne näher darauf eingehen, da es eine spannende Geschichte ist. Wir haben gelernt, dass alles *„wie innen so außen"* ist. Sozusagen ein Spiegel.

Man könnte es auch so sagen, alles was sich in meinem Inneren befindet, ob bewusst oder unbewusst, wird sich in meinem Umfeld spiegeln.

Jede Erfahrung, die Sie im Laufe Ihres Lebens gemacht haben, ist in Ihrem Unterbewusstsein abgespeichert. Es geht jedoch noch weiter, auch Lernerfahrungen aus früheren Leben sind dort gespeichert. Sind diese Erfahrungen bearbeitet worden und haben Sie Ihre Lernerfahrungen daraus gezogen, werden diese Themen keinen Einfluss mehr auf Ihr jetziges Leben haben. Sie sind dann einfach als „ausgeglichen" abgelegt worden.

Häufig ist der Fall jedoch ganz anders. Hatten Sie zum damaligen Zeitpunkt keine Möglichkeit, Ihre gesammelten Erfahrungen zu bearbeiten, Ihre Erkenntnisse daraus zu ziehen oder sie ins Gleichgewicht zu bringen, werden Ihnen immer wieder, in bestimmten Abständen, Situationen vom Universum geschickt, damit Sie Ihre Lernerfahrungen machen und daran reifen.

Einer der besten Wege, um auszufiltern, welche Lektionen noch unbearbeitet sind oder wo es für Sie noch etwas zu lernen gibt, ist Unbehagen oder Furcht. Gibt es ein Thema oder Menschen, die Ihnen die Nackenhaare zu Berge stehen lassen? Vielleicht gibt es auch Lebenssituationen, in die Sie unter gar keinen Umständen geraten möchten?

Das ist prima für Sie, denn genau dort liegt der Hase im sprichwörtlichen Pfeffer begraben. Das sind Ihre Wegweiser, an die Sie sich halten dürfen. Gott, die Engel und das Universum sagen hier zu Ihnen:

„Hier geht es lang. Schau her, meine liebe Seele, das sind deine Lernaufgaben. Das sind die Dinge, die du in diesem Leben unbedingt lernen wolltest."

Jetzt könnten Sie denken: „Na, das kommt ja überhaupt nicht in die Tüte." Der Gedanke ist durchaus berechtigt, jedoch werden Sie aus der Nummer kaum rauskommen.

Die geistige Welt oder das Universum schickt uns immer wieder neue Lernaufgaben, all das, was wir eben meistern wollten, bevor wir hier inkarniert sind. Natürlich können Sie Ihre Aufgaben auch ablehnen. Das ist der freie Wille, jedoch werden Sie dann, zu einem späteren Zeitpunkt, in eine ähnliche Situation geraten. Sie könnten dann den Eindruck bekommen, Ihr Leben drehe sich im Kreis und das tut es in diesem Moment tatsächlich.

Ihre Entwicklungsschritte werden Ihnen vom Universum immer wieder präsentiert, so lange, bis Sie alles gelernt haben. Danach ist diese Lektion fertig und sie wird Ihnen nicht mehr begegnen.

Es gibt ja sehr viele Seelen, die hier auf der Erde inkarniert sind und jede Einzelne davon ist hier, weil sie etwas lernen möchte, um zu reifen, zu wachsen und sich zu entwickeln.

Haben Sie also in einem bestimmten Punkt Ihre Lernaufgabe gemeistert, kann es sein, dass Sie Menschen in Ihr Leben ziehen, die ähnliche Dinge lernen möchten. In diesem Fall sind Sie dann der Spiegel für Ihr Gegenüber.

Eine gute Beschreibung dafür ist, dass jede Situation oder jeder Mensch, der Ihnen begegnet, dazu dient, zu lernen und zu reifen. Im Gegenzug dienen Sie jedem Menschen, dem Sie begegnen, zum Lernen und zum Reifen.

Jede Situation und jeder Mensch ist ein Spiegel für mich oder ich bin ein Spiegel für ihn.

Sie kennen das sicher. Es begegnet Ihnen jemand, der fast exakt das Gleiche erlebt hat wie Sie. Er teilt die gleichen Erfahrungen, wie Sie es tun. Das ist eine wunderbare Spiegelung, wodurch Sie jetzt gemeinsam die Möglichkeit haben, Ihre Erfahrungen zu heilen oder zu teilen. Sie können jede Menge voneinander lernen und sich gegenseitig unterstützen. Genau diese Begegnungen sind vom Universum gelenkt und geführt, damit wir zu unserem höchsten Wohle lernen und reifen können.

Freuen Sie sich und bedanken Sie sich für all die tollen Lerngelegenheiten, die Sie tagtäglich geschickt bekommen. Es geschieht alles immer zu Ihrem Besten und zum Besten für alle Beteiligten.

Die Macht der Freiheit

Frei zu sein vermittelt ein Gefühl von großer Freude und Zufriedenheit. Was beinhaltet dieses Wort jedoch?

Um wirklich frei zu sein, bedarf es eines hohen Maßes an Selbstwertschätzung und erwachtem Bewusstsein.

Um wirklich frei zu werden, darf jeder von uns sich seiner selbst bewusst werden. Wir haben in einem vorhergehenden Kapitel bereits besprochen, dass unser oberstes Ziel sein darf, uns darüber klar zu werden, was wir wirklich wollen, was uns tatsächlich glücklich macht und erfüllt.

Haben wir diese Einsichten erst einmal gewonnen, sind wir einen großen Schritt weiter. Wir dürfen „in uns gehen", um zu schauen, was wir anerzogen bekommen haben. In welchem Umfeld bewegen wir uns und nach welchen Regeln und Normen leben wir? Stimmen all diese anerzogenen und erworbenen Regeln und Verhaltensweisen noch für uns oder ist es an der Zeit, einige davon zu überdenken und uns neu zu ordnen? Sind unsere tiefsten Überzeugungen noch zu unserem Besten oder entsprechen sie lediglich den Erwartungshaltungen unseres Umfeldes?

Das hört sich jetzt nach viel Arbeit an, aber ich möchte Ihnen Mut schenken. Nehmen Sie einen Schritt nach dem anderen und befreien Sie sich nach und nach. Mit jedem Schritt, den Sie in die für Sie richtige Richtung gehen, werden Sie zu einem strahlenden Menschen erblühen. Mit jedem Schritt in Ihre ganz persönliche Freiheit, den Sie gemeistert haben, wird es Ihnen leichter fallen, den nächsten zu nehmen. Also legen wir los.

Meditation Freiheit auf allen Ebenen

Nehmen Sie sich eine ruhige Zeit und legen Sie sich an Ihren Wohl-fühlort. Atmen Sie tief ein und aus. Alles, was Ihren Körper jetzt ver-lassen möchte, strömt mit Ihrem Atem heraus.

Fühlen Sie, wie alle Glaubenssätze, anerzogene Muster und Verhal-tensweisen Ihren Körper verlassen. Mit jedem Atemzug, den Sie neh-men, werden Sie freier und freier. Sie spüren, wie alles um Sie herum leichter wird.

Bitten Sie Ihre Engel um Hilfe, indem Sie denken:

„Ich bitte darum, dass alle Glaubessätze, anerzogene Verhal-tensweisen und alles, was mich daran hindert, frei zu sein, jetzt gelöst wird. Bitte führt mich zu meinem höchsten Wohle. Danke, so ist es!"

Spüren Sie, wie die Engel alles lösen. Übergeben Sie alles, was Ihnen nicht länger dient und vertrauen Sie darauf, dass alles in Licht und Lie-be verwandelt wird.

Nun bitten Sie darum, dass Ihre Engel alles, was gelöst wurde, durch Selbstachtung, Selbstliebe und Freiheit ersetzen. Sagen oder denken Sie:

„Ich bitte darum, erfüllt mich mit Liebe, Freiheit und Selbstach-tung. Danke, so ist es!"

Sehen und fühlen Sie, wie Liebe, Selbstachtung und Freiheit Ihren Körper durchströmen. Fühlen Sie, wie erfüllt und zufrieden Sie sind. Bleiben Sie in diesem Gefühl, solange Sie wollen, und speichern es in Ihrem Herzen.

Bedanken Sie sich für die wundervolle Unterstützung und kommen Sie langsam von Ihrer Reise zurück.

Sie können diese Meditation sooft wiederholen, wie Sie möchten, so lange, bis alles gelöst worden ist und Sie als neuer Mensch in Ihre Freiheit starten können.

Wirklich freie Entscheidungen können wir erst dann treffen, wenn wir uns von allem Alten, für uns Unnötigem befreit haben. Es kann eine Zeit lang dauern, bis wir alles gelöst haben, jedoch werden wir immer Hilfe und Unterstützung bekommen, wenn wir darum bitten.

Gott und die Engel warten nur darauf, uns zu helfen, jedoch können sie erst in Aktion treten, wenn sie unsere Zustimmung bekommen haben. Unter anderen Umständen würde in unseren freien Willen eingegriffen werden. Dieser wurde uns geschenkt, um selbst zu schöpfen, erinnern Sie sich?

Wir sind die Schöpfer unseres Lebens und die geistige Welt kommt uns zur Hilfe, für den Fall, dass wir in einer Sackgasse feststecken, aus der wir selbst nicht mehr herausfinden.

Es gibt immer einen Rettungsfallschirm, einen Plan B, wenn Sie so wollen. Diesen Plan haben wir gemeinsam mit unseren Engeln und Geistführern im Himmel geschmiedet, bevor wir hier inkarniert sind.

Das bedeutet, egal in welcher Situation Sie sich auch befinden mögen und wenn Sie noch so sehr glauben, es sei ausweglos – bitten Sie Gott, die Engel oder Ihre Führer um Hilfe und sie wird Ihnen gewährt sein. Darauf können Sie vertrauen.

Das Vertrauen

Bei allen Dingen, die Sie tun oder sich wünschen, ist es ratsam, ins Vertrauen zu gehen. Sie kennen das sicher, man befindet sich in einer Situation und möchte gerne etwas verändern. Sie machen und tun viel, jedoch scheint es nicht so recht vorwärts zu gehen. Sie beginnen zu zweifeln und es macht sich ein Gefühl von Ohnmacht in Ihnen breit.

Was passiert hier? Vielleicht könnte es sein, dass Gott für Sie einen besseren Plan hat. Etwas, das Sie sich im Moment noch gar nicht vorstellen können. Etwas, das Sie noch glücklicher machen wird als Ihr ursprüngliches Vorhaben.

Es könnte sein, dass die Zeit für Ihr Vorhaben noch nicht reif ist, dass noch einige Entwicklungsschritte notwendig sind, entweder von Ihrer Seite oder die Personen, die daran beteiligt sind, benötigen etwas mehr Zeit oder Entwicklung.

Sie können sich vorstellen, es wäre so, als ob man einem dreijährigen Kind ein Feuerzeug gibt, in dem Vertrauen, es werde schon verantwortungsvoll damit umgehen. Kann das funktionieren?

Eher nicht, oder? So ist es auch mit unseren Plänen und Lebensaufgaben. Alles kommt immer zur rechten Zeit zu uns. Sind wir reif für unsere Vorhaben und Pläne, werden sich die Türen öffnen und alle notwendigen Schritte kommen gezielt auf uns zu.

Sie können sich sicher sein, alles was Ihnen begegnet, werden Sie bewerkstelligen können. Es wird Ihnen nichts zugemutet, dem Sie nicht gewachsen sind.

Alles geschieht immer genau zur richtigen Zeit!

Falls Sie jetzt denken: „Wie kann ich mir sicher sein, dass die Führung, die ich erhalte, auch von Gott und den Engeln kommt," möchte ich Ihnen gerne helfen.

Inspirationen, die von Gott und den Engeln kommen, sind immer aufbauend. Sie fühlen sich gut an.

Kommt Ihnen z. B. eine Lösung für eine Herausforderung in den Sinn, können Sie die Herkunft ganz einfach prüfen, indem Sie sich eine Zeit der Ruhe nehmen und in sich hineinfühlen. Wie fühlt sich diese Lösung an? Stellen Sie sich vor, Sie haben diese Entscheidung genau so getroffen. Ist es für Sie eine Erleichterung? Sind Sie damit glücklich oder überkommt Sie eher ein Gefühl von Unbehagen? Ihre Gefühle diesbezüglich sind der Kompass und der wird Sie leiten, ob diese Inspiration von Gott kommt oder eine Idee Ihres Egos ist.

Eine weitere Möglichkeit, zu filtern, ob Sie Ihren Erkenntnissen vertrauen können ist, sich eine Ruhezeit zu nehmen und zu entspannen.

Sind Sie entspannt, können Sie einfach denken:

„Ich bitte Gott und die Engel im Namen des Lichtes um Führung, ob diese Idee für mich passt und sie zum meinem höchsten Wohle ist."

Nun bleiben Sie in Ihrer Entspannung und spüren in sich hinein, welche Antworten sich Ihnen präsentieren. Die erste Antwort, die Ihnen erscheint, ist meist die Richtige, weil diese Antwort oft so schnell kommt, dass Ihr Gehirn noch gar keine Möglichkeit hatte, darüber nachzudenken. Das sind dann die Eingebungen, die Ihrem höheren Selbst entspringen oder von der geistigen Welt gesandt wurden. Diese Antworten sind verfügbar, bevor Ihr Ego sich dazwischenschalten kann.

Sie können das Empfangen göttlicher Führung auch üben, indem Sie Ihre Fragen kurz vor dem Einschlafen stellen. In dieser Zeit sind wir besonders empfänglich für die Botschaften, da unser Gehirn „Sendepause" hat und wir in diesem Zustand zutiefst entspannt sind. Es ist die Zeit zwischen Wachsein und Schlafen. Das ist auch der Grund, warum Meditationen in dieser Zeit ihre größte Wirkung entfalten, weil sie direkt zu unserem höheren Selbst gelangen, welches weiß, dass alles möglich ist.

Vertrauen ist einer der Katalysatoren, damit unsere Herzenswünsche und Träume sich in unserer Realität manifestieren können.

Immer wenn Sie in eine Situation geraten, in der Sie sich unsicher fühlen oder Sie an eine Abzweigung Ihres Weges kommen, an der Sie sich entscheiden dürfen, links oder rechts zu gehen, ist es hilfreich, sich der beschriebenen Technik zu bedienen. Einen Großteil unserer Entscheidungen müssen wir nicht sofort treffen, meistens haben wir etwas Zeit, uns in die Ruhe zu bringen und die geistige Welt um Führung zu bitten.

Um für sich selbst an Sicherheit im Umgang mit dieser Technik zu gewinnen, können Sie das Ganze auch spielerisch angehen. Fangen Sie mit kleineren Dingen an, wie z. B. der Farbwahl Ihrer Kleidung.

Kommen Sie zur Ruhe und denken Sie: „Welche Farbe steht mir am besten?"

Welche Farbe kommt sofort? Die Antwort ist bereits da, bevor Sie den Gedanken zu Ende gedacht haben.

Sie können auch eine andere Frage stellen. Lassen Sie Ihrer Phantasie freien Lauf. Sie werden angenehm überrascht sein, wie schnell Ihnen die Antworten zur Verfügung stehen. Je mehr Sie üben, desto schneller und sicherer werden Ihre Antworten parat sein. Ich wünsche Ihnen viel Spaß dabei.

Je mehr Vertrauen Sie in Ihre Erkenntnisse bekommen, desto glücklicher und ausgeglichener werde Sie sein, weil Sie dieses tiefe Wissen in sich verankern werden; egal welche Erfahrungen Sie sammeln, Sie sind immer geführt, geleitet und beschützt. Es werden Ihnen immer die goldrichtigen Antworten zuströmen und Sie werden immer in der Lage sein, Ihre Entscheidungen zu Ihrem höchsten Wohle und zum höchsten Wohle für alle Beteiligten zu treffen.

Vertrauen Sie sich selbst, Ihren intuitiven Gefühlen und dem Universum, dass Sie jederzeit führt und leitet. Das ist wirklich wunderbar, welch ein Segen uns hier geschenkt wird.

Die Matrix und das freie Feld

Vielleicht haben Sie schon von der Matrix oder dem freien Feld gehört. Es gibt auch andere Bezeichnungen dafür, wie die Akasha Chronik. Das Wort Akasha kommt aus dem Sanskrit und bedeutet so viel wie „Äther".

All diese Bezeichnungen bedeuten das Gleiche. All unsere Lernerfahrungen, alles was wir je getan, gesagt und gedacht haben, ist in diesem Feld gespeichert. Das heißt, alles was jeder Mensch und jedes Tier je erlebt hat und gefühlt hat, ist hier gespeichert. Lassen Sie das einmal kurz auf sich wirken – WOW!!!

Da kommt man zu dem Ergebnis, dass dieses Feld riesig sein könnte. Damit haben Sie unbedingt recht. Jedoch nicht nur die Vergangenheit ist dort gespeichert, sondern auch unsere mögliche Zukunft. Möglich deshalb, weil wir ja einen freien Willen haben und uns mit Diesem alles erschaffen können, was wir möchten.

In diesem Feld, auch „Blaupause" genannt, sind all unsere Herzenswünsche, Träume und Lernaufgaben gespeichert, die wir uns für dieses Leben gewählt haben. Wir können uns also in diesem Feld bedienen, um uns unsere Herzenswünsche zu erfüllen. Wenn Sie es so sehen möchten, downloaden wir uns unser Leben. Hört sich abgefahren an?

Ganz im Gegenteil. Starten wir gemeinsam einen Download.

Meditation Matrix

Legen Sie sich an Ihren Wohlfühlort und schließen Sie Ihre Augen. Atmen Sie tief ein und aus. Mit jedem Atemzug kommen Sie ein wenig mehr in Ihre Entspannung.

Sie gleiten hinein in Ihre eigene Welt; ganz so, wie sie Ihnen gefällt. Spüren Sie, wie Sie immer tiefer hineingleiten.

Wie sieht es aus in Ihrer Welt? Leben dort alle friedlich miteinander? Mensch, Tier und Natur als Einheit, im Einklang. Sehen Sie, wie die Schmetterlinge um Sie herumtanzen, kunterbunt in schillernden Farben.

In Ihrer perfekten Welt – von welchen liebevollen Menschen sind Sie umgeben? Wer nimmt an Ihrer Reise teil? Lassen Sie sich Zeit, um sich alles ins Bewusstsein zu rufen, alles was jetzt da sein möchte.

Gibt es eine Tätigkeit, die Sie mit größter Freude erfüllt? Was machen Sie gerade? Lassen Sie alles auf sich wirken.

Spüren Sie, wie Ihr Herz sich weit öffnet und all die schönen Dinge aufnimmt, die Sie gerade sehen. Sie spüren, wie Ihr Herz sich mit Freude füllt, ein tiefes Gefühl der Zufriedenheit durchströmt Ihr ganzes Sein.

Sie sehen, wie Sie strahlen, wie Ihre Seele und Ihr ganzer Körper zu leuchten beginnen. Sie sind erfüllt von tiefer Freude, Glück, Frieden und Harmonie.

Bedanken Sie sich bei Ihrer Matrix für die heruntergeladenen Downloads und kommen Sie langsam ins Wachbewusstsein zurück.

Was haben Sie gesehen und welche Gefühle hat das in Ihnen wachgerufen. Schwingen Sie in Harmonie, Liebe und Glück?

Prima, ich gratuliere Ihnen von ganzem Herzen. Sie können nun jeder zeit Ihre Herzenswünsche vom Äther in Ihre Realität ziehen. Freuen Sie sich über die fantastischen Möglichkeiten, die Ihnen jederzeit zur Verfügung stehen.

Die Seele, das Ego und unsere Lebensaufgabe

Bestimmt wissen Sie bereits, dass jeder Körper hier auf Erden von einer Seele belebt wird. Unsere Seele ist der Teil von uns, der sich immer leise zu Wort meldet, wenn wir im Begriff sind, eine Fehlentscheidung zu treffen.

Wie der Titel dieses Buchs schon sagt: „Wenn die Seele ruft, wird es Zeit zu handeln."

Doch wie genau ist das zu verstehen? Ich möchte dazu ein paar Erfahrungen mit Ihnen teilen.

Als ich ungefähr sieben Jahre alt war, bekam ich plötzlich schweres Belastungsasthma, kombiniert mit Reizhustenanfällen. Zwei Jahre zuvor hatten sich meine Eltern scheiden lassen und die folgenden zwei Jahre waren alles andere als schön.

Nun ja, das alles wäre nicht so ins Gewicht gefallen, hätte meine Mutter nicht diesen Mann kennengelernt. Um es mit ihren Worten zu sagen, es war ihre große Liebe.

Ich hatte sofort bemerkt, dass mit ihm etwas nicht stimmte, etwas Dunkles und Niederschwingendes umgab diesen Menschen. Es kam aber, wie es kommen musste und meine Mutter wollte diesen Mann heiraten. Ich sagte ihr, sie könne das nicht tun, mit meinen damals kindlichen Worten.

Ich sagte: „Er ist böse. Du darfst ihn nicht heiraten."

Leider überhörte sie meine Ratschläge und heiratete ihn. Kurz darauf wurde sie schwanger und meine kleine Schwester kam zu uns. Das war einer der glücklichsten Tage in meinem damals noch jungen Leben.

Eine kleine Schwester, das hatte ich mir schon immer gewünscht.

Wir waren ein Herz und eine Seele, einfach unzertrennlich. Nach und nach kam das wahre Gesicht des Ehemannes meiner Mutter zum Vorschein, er trank und prügelte nahezu täglich. Das ging ca. ein Jahr, bis ich mich entschied, zu meinem leiblichen Vater zu ziehen. Diese Entscheidung traf ich mit acht Jahren. Meine kleine Schwester wollte ich mitnehmen. Von diesem Tage an war mein Belastungsasthma wie weggezaubert und das bis zum heutigen Tag.

Kurze Zeit später kam jedoch zur Sprache, dass meine Schwester nicht bei mir bleiben könne, da sie ja nicht das leibliche Kind meines Vaters war. So wuchsen wir getrennt voneinander auf. Das war zuerst ein Schock für mich. Rückwirkend betrachtet jedoch für uns beide gut, da meine kleine Schwester liebevolle Ersatzeltern bekam und so behütet groß werden konnte.

Was möchte ich Ihnen mit diesem Beispiel vermitteln? Ich möchte Ihnen aufzeigen, dass das Universum uns immer neue Türen öffnet und meine Seele bereits im körperlichen Alter von sieben Jahren im Vorfeld wusste, das großes Unheil auf uns zurollte.

Eine weitere Erfahrung, die mir geschenkt wurde, möchte ich mit Ihnen teilen.

Als ich meine Ausbildung zum Heilpraktiker machte, war ich eines morgens auf dem Weg in die Schule. Auf der Autobahn fuhr ich ziemlich schnell auf der Überholspur. Es war ja alles frei, soweit das Auge sehen konnte.

Plötzlich schoss mir der eindringliche Gedanke in den Kopf:

„BREMS, BREMS SOFORT!!! MACH EINE VOLLBREMSUNG!!"

Für den Bruchteil einer Sekunde dachte ich: „So ein Quatsch. Jetzt spinnst du wohl." Doch es schrie mich förmlich an. Also tat ich das und legte eine Vollbremsung hin. Währenddessen machte die Autobahn einen leichten Knick. Als ich dort durch war, immer noch am Bremsen, sah ich schon ein paar Autos, die sehr damit zu tun hatten, an dem abgeriegelten Teil der rechten Spur, an den stehenden Autos und dem Polizeifahrzeug vorbeizukommen.

Ich brachte mein Fahrzeug sicher an allen vorbei. Es gab keinerlei Warnschilder, Warndreiecke oder Sonstiges auf der Strecke; also war es nicht zu ersehen, dass dort ein Hindernis war. Ich nahm die nächste Ausfahrt und informierte die Polizei darüber, die sofort reagierte, um die Stelle sichtbar zu machen.

Kurze Zeit später kam im Radio, dass es einige Auffahrunfälle dort gegeben hatte. Diese Situation hat mich zutiefst berührt, da ich erkannte, dass ich – hätte ich diese eindringliche Stimme ignoriert – mit hoher Wahrscheinlichkeit einen Unfall gehabt hätte.

Ich bedankte mich von Herzen für die empfangene Warnung und war froh, dass ich sie gehört hatte.

Sie sehen, es gibt immer wieder Zeichen und Rufe; entweder meldet sich unsere Seele zu Wort oder es wird uns Unterstützung vom Himmel gesandt.

Bestimmt haben Sie schon mal erlebt, dass ein Gefühl Sie beschleicht. Zu Beginn können Sie es kaum einordnen. Sie denken vielleicht darüber nach und versuchen dieses Gefühl mit Ihrem Verstand zu analysieren, kommen jedoch zu keinem befriedigendem Ergebnis. Dann eines Tages erhalten Sie eine Information und plötzlich wissen Sie es! Es fällt Ihnen buchstäblich wie „Schuppen von den Augen."

Tatsächlich wussten Sie es vorher schon, Sie konnten es lediglich nicht einordnen.

Nehmen wir einmal an, Sie begegnen einem Ihrer Mitmenschen. Auf den ersten Blick scheint dieser ganz freundlich zu sein, aber irgendetwas an ihm irritiert Sie. Ein wenig später hören Sie, dass er einen Ihrer Freunde über einen längeren Zeitraum belogen hat. Sehen Sie, Ihre Seele hatte Ihnen im Vorfeld bereits Warnsignale gesendet, denen Sie vertrauen und die Sie richtig interpretieren dürfen.

Mit ein wenig Übung ist das ein Leichtes. Ich möchte Ihnen eine Methode an die Hand geben, mit der Sie sehr bald all Ihre Gefühle und Ahnungen in das richtige Licht stellen können.

Stellen wir uns vor, wir bekommen ein Angebot, z. B. möchte ein weitläufiger Bekannter uns dabei behilflich sein, unser Projekt in die Tat umzusetzen.

Im ersten Moment hört sich alles prima an und jetzt schauen wir genauer hin!

Was sagt unser Gegenüber? Welches Angebot steht da an? Wie ist die Mimik unseres Gesprächspartners? Hat dieser einen offenen und ehrlichen Blick? Leuchten seine Augen oder spiegelt sich in seinen Augen eine gewisse List wider?

Welche Gefühle treten bei Ihnen auf während des Gesprächs? Fühlen Sie sich sicher und wohl oder überkommt Sie eher ein Gefühl von Unbehagen und es bilden sich Knoten in der Magengegend?

Was bringt Ihnen Ihr Gegenüber im Gespräch nahe? Ist sein Angebot mit einer Gegenleistung verknüpft, bei dem Gedanken daran, Sie sich bedroht oder erpresst fühlen?

All diese Dinge können Sie während eines Gesprächs oder einer Situation abklopfen. Mit ein wenig Übung können Sie Ihre Mitmenschen recht schnell analysieren. Die Körperhaltung, die Augen und die Mimik eines Menschen sagen sehr viel über seine Persönlichkeit aus. Die Erkenntnisse, die Sie für sich gewinnen, werden unbezahlbar sein.

Am schnellsten können Sie lernen, indem Sie sich an einen öffentlichen Platz setzten, einen Kaffee oder ein Eis genießen und Ihre Mitmenschen beobachten.

Mir geht es hier nicht darum, dass Sie Ihre Mitmenschen beurteilen sollen. Im Gegenteil, unser Ziel ist es, durch Beobachtung verschiedene Charaktere zu erkennen. Sie werden überrascht sein, was Sie in kürzester Zeit alles sehen können.

Unsere Seele führt und leitet uns immer. Kennen Sie das Gefühl, irgendetwas unbedingt tun zu müssen? Dieses Gefühl kehrt immer wieder zu Ihnen zurück und mit jedem Mal wird der Drang, es zu tun, größer. Sie spüren, dass es genau das ist, was Sie erfüllen würde, jedoch verdrängen Sie es dann wieder. Dieses Gefühl lässt Sie jedoch nicht in Ruhe, es kommt immer und immer wieder.

Solche Botschaften kommen direkt von unserer Seele. Sie sagt uns damit: „Geh und mach das endlich, damit du glücklich bist." Diesen Botschaften dürfen wir folgen.

Die Botschaften, die unsere Seele uns schickt, sind stets positiv. Sie schickt Vorschläge, die uns ermutigen, die ein großes Gefühl von Freude und Erfüllung in uns hervorrufen. Botschaften, die mit anderen Gefühlen einhergehen, kommen nicht von unserer Seele. Sie kommen von unserem Ego. Das Ego ist ursprünglich dazu da, um uns den nötigen Dampf zu geben; sozusagen, um unsere Durchsetzungskraft und unser Durchhaltevermögen zu zünden und am Laufen zu halten.

Man könnte es so beschreiben, die Seele ist unsere Führung und das Ego ist da, um all dies umzusetzen. Jetzt ist es manchmal aber so, dass unser Ego uns in die Irre führen möchte.

Indem wir Dingen nachjagen, die im Grunde genommen unwichtig sind. Es kann passieren, dass unser Ego mit Angst belastet ist oder zu sehr den materiellen Gütern nachjagt.

Natürlich ist es sinnvoll, einen gesunden Respekt vor bestimmten Dingen zu haben. Ebenso ist es sinnvoll, bestimmte materielle Güter zu genießen, jedoch kann das auch überhandnehmen. Hierzu ein kleines Beispiel.

Stellen Sie sich vor, Sie haben keinerlei Bedenken, von einem Hochhaus zu springen. Das ist ein extremes Beispiel, jedoch möchte ich damit deutlich machen, dass ein bestimmtes Maß an Respekt, in diesem Falle eher Angst, sehr gesund ist. Wenn Sie sich hingegen fürchten, morgens Ihr Haus zu verlassen, weil Sie Bedenken haben, Ihnen könnte unterwegs etwas zustoßen, dann schlägt Ihnen Ihr Ego ein gewaltiges Schnippchen. Sie verstehen, was ich ihnen sagen möchte?

Ebenso ist es mit den materiellen Gütern. Ein Handy zu haben bringt große Vorteile mit sich. Haben Sie jedoch das Verlangen, drei Handys zu besitzen, ist Ihr Ego wieder ganz groß vorn mit dabei.

Sie sehen: Ist Ihr Ego aus dem Gleichgewicht geraten, werden die Dinge unverhältnismäßig. Ihre Seele möchte Sie immer zu Ihrem besten Wohle führen und leiten.

Die Impulse, die Ihre Seele Ihnen sendet, sind immer sanft, wohlwollend und zu Ihren Gunsten, ohne dabei einen anderen Menschen negativ zu beeinträchtigen.

Haben Sie das Rufen Ihrer Seele vernommen, gehen Sie „in sich" und hören Sie genau hin. Diese Botschaften haben unmittelbar mit Ihrer Lebensaufgabe zu tun.

Jeder Mensch hier auf Erden hat sich für sein jetziges Leben etwas vorgenommen. Sei es, der Natur zu helfen, wieder rein zu werden oder den Tieren dabei zu helfen, ihren natürlichen Lebensraum zu schützen. Vielleicht haben Sie sich auch dazu entschieden, der Menschheit zu helfen, indem Sie ihnen medizinische Versorgung anbieten oder Sie sind hier inkarniert, um friedliche Umgangsformen und Akzeptanz zu lehren.

Was auch immer Ihre Seele sich jetzt vorgenommen hat – sie möchte mit Ihnen gemeinsam diesen Plan umsetzen. Genau deshalb wird ihr Rufen immer lauter und die Zeitabstände zwischen den Rufen werden immer kürzer werden. Hören Sie hin! Ihre Seele wird keine Ruhe geben, bis Sie Ihren Weg eingeschlagen haben.

Aber woher weiß man, welcher Weg „mein Weg" ist?

Gehen Sie mit mir gemeinsam auf eine Reise.

Meditation Erinnerung an meine Lebensaufgabe

Nehmen Sie sich eine Stunde der Entspannung. Legen Sie sich an einen Ort Ihres Wohlbefindens und schließen Sie Ihre Augen.

Atmen Sie tief ein und aus. Spüren Sie, wie Sie mit jedem Atemzug leichter werden. Nun bitten Sie Gott und Ihre Engel um Hilfe. Bitten Sie um Begleitung auf Ihrem Weg zu Ihrer Lebensaufgabe und denken:

„Ich bitte Gott und all meine Engel um Hilfe. Bitte führt und leitet mich zu meiner Lebensaufgabe."

Entspannen Sie sich weiter und atmen Sie ruhig ein und aus. Was sehen Sie? Welche Gefühle steigen in Ihnen auf? Wo befinden Sie sich und was tun Sie?

Lassen Sie sich Zeit, um in Ruhe zu schauen und zu spüren.

Sehen Sie, was Sie tun, und spüren Sie die damit verbundenen Gefühle, die Sie vollkommen erfüllen. Sie sehen sich, wie Sie exakt dem nachkommen, was Ihre Seele hier auf Erden tun möchte.

Ihr Herz öffnet sich und ein tiefes Gefühl der Liebe und der Geborgenheit ziehen dort ein. Sie spüren, wie jede Zelle Ihres Körpers erfüllt wird mit tiefer Freude und reiner Liebe. Sie wissen, dass Sie Ihren Weg nun gefunden haben und spüren tiefe Dankbarkeit.

Lassen Sie all das auf sich wirken. Wenn Sie bereit sind, bedanken Sie sich bei Gott und Ihren Engeln für ihre Unterstützung und kommen langsam zurück ins Hier und Jetzt.

Na, wie fühlen Sie sich jetzt? Was haben Sie gesehen?

Herzlichen Glückwunsch, jetzt können Sie loslegen mit dem, was Ihre Seele wirklich möchte. Sie werden sehen, wie viel leichter Ihr Weg jetzt wird. Kommen wir unserem Seelenauftrag näher, glätten sich die Wogen und alles geht wie von selbst.

Die Türen öffnen sich für uns. Wir lernen neue Menschen kennen, die uns unterstützen und begleiten möchten und wir werden mit jedem Schritt, den wir unternehmen, das großartige Gefühl haben, auf unserem Weg zu sein.

Sollten Sie bei der ersten Meditation wenig gesehen oder gespürt haben, bitte ich Sie von ganzem Herzen, sich öfter Zeit einzuräumen, um sich mithilfe dieser Meditation an Ihren Seelenauftrag zu erinnern. Es ist alles in Ihrem Inneren abgespeichert, Sie werden Ihren Zugang dazu finden.

Bitten Sie um Hilfe von Gott und Ihren Engeln. Diese sind jederzeit sehr gerne bereit, Sie zu unterstützen.

Je näher Sie Ihrer ursprünglichen Aufgabe kommen, desto glücklicher, erfüllter und erfolgreicher werden Sie sein.

Das Geschäft mit der Angst

Bestimmt jeder von uns kennt das Gefühl von Angst. Dieses Gefühl kann sich durch jeden Bereich unseres Lebens ziehen.

Es kann unsere Gesundheit, unsere Finanzen, unsere Kinder betreffen. Man kann sich vor Naturkatastrophen oder Sanktionen fürchten.

Jedoch ist es wichtig zu wissen, dass Angst uns lähmt. Angst setzt das logische Denken außer Kraft. Angst blockiert uns auf ganzer Linie. Doch was genau passiert da?

Es ist ein uralter Instinkt, der sich da zu Wort meldet und uns ursprünglich vor einer akut lebensgefährlichen Situation schützen sollte. Das ist durchaus sehr sinnvoll, jedoch ist diese Angst manchmal aus dem Ruder gelaufen. Das Gehirn und der Körper schalten in solchen Situationen auf „Autopilot" um. Es geht der Seele und dem Körper dann vor allem um eins, und zwar ums Überleben. Angst hält uns klein und macht uns handlungsunfähig.

In solchen Angstsituationen sind wir nur noch in der Lage, Entscheidungen aus einer Panik heraus zu treffen. Diese Entscheidungen sind jedoch nicht durchdacht und führen, sofern dieser Zustand anhält, zu Fehlentscheidungen.

Es ist wichtig für uns, aus dieser Angstschleife wieder auszutreten, doch wie macht man das?

Ich gebe Ihnen in den folgenden Zeilen einige Möglichkeiten, Ihre Angstschleife zu durchbrechen.

Zuerst dürfen Sie sich einen Ort suchen, an dem Sie sich wohlfühlen. Atmen Sie tief ein und aus. Entspannen Sie sich und genießen Sie die frische Luft, hören Sie das Singen der Vögel oder genießen Sie den Schein Ihrer brennenden Kerze.

Haben Sie vor einer aktuellen Situation Angst im Job oder wegen eines Weltgeschehens, schauen Sie z. B. im Internet nach. Suchen Sie Quellen, die möglichst viele Informationen zu Ihrem Thema darstellen, und lesen Sie darüber, so viel Sie finden können.

Warum ist das wichtig? Ganz einfach, je mehr Sie über ein Thema wissen und je mehr unterschiedliche Meinungen Sie dazu gehört oder gelesen haben, desto besser können Sie sich Ihre eigene Meinung darüber bilden und kommen dann zu der Erkenntnis, dass einige Dinge vielleicht gar nicht so sind, wie Sie zuerst gedacht, gehört oder gelesen hatten.

Sie sind dann in der Lage, sich selbst eine objektive, auf Daten und Fakten bestehende Meinung zu bilden, und ab diesem Zeitpunkt wird sich Ihre Angst auflösen, weil Sie in der Lage sind, die Dinge glasklar zu sehen, wie sie wirklich sind.

Finden Sie wenig Informationen, die Sie zufriedenstellen, können Sie auch Bücher zu Ihrem Thema lesen, Onlinediskussionen hören oder Beiträge auf YouTube hören. Sie können sich auch mit Freunden und Bekannten unterhalten.

Welche Quellen Sie auch immer nutzen – jede wird Ihren Horizont erweitern und die Angst hat keine Chance mehr. Sie können auch Gott und die Engel bitten, Ihnen liebevolle Menschen zu schicken, die Ihnen helfen, die Dinge klar zu sehen oder Ihnen die Informationen zukommen zu lassen, die Sie benötigen.

Betreffen Ihre Bedenken eine globale Sache, haben wir die Möglichkeit, uns mit Gleichgesinnten auszutauschen und zusammenzuarbeiten. Eine kollektive Zusammenarbeit von vielen Menschen bringt schnellere und nachhaltigere Ergebnisse zum Vorschein. Die Zusammenarbeit von vielen Menschen bewegt auch viel. Je mehr Menschen gemeinsam wirken, umso besser wird das Ergebnis sein.

Sie werden sich darüber freuen, wie viel Ihnen zugespielt wird, sei es an Gleichgesinnten oder an anderweitigen Informationen. Es gibt zu allem eine Lösung, was es auch sein mag. Es werden Ihnen genau die Informationen zuströmen, die Sie benötigen, um Ihre Seele zu beruhigen.

Wir haben glücklicherweise in der heutigen Zeit eine Fülle von Informationen zur Verfügung, die nur darauf warten, von uns entdeckt zu werden.

Denken Sie immer daran, die Lösung wird uns zur rechten Zeit zukommen, wenn wir bereit sind, sie zu sehen, zu hören und anzunehmen. Öffnen Sie sich für neue Informationen und Ihre Angst wird sich in Klarheit verwandeln.

Befreien Sie sich und bleiben Sie in Ihrer Klarheit!

Klarheit ist einer der wichtigsten geistigen Zustände, die wir uns schenken können. Sind wir in der absoluten Klarheit, kann nichts und niemand uns aus dem Gleichgewicht bringen.

Durch Klarheit sind wir in der Lage, gute und für uns richtige und gesunde Entscheidungen zu treffen. Das ist unser Ziel!

Umgeben Sie sich mit liebevollen und gleichgesinnten Menschen, dann können wir uns gegenseitig unterstützen und gemeinsam Ziele erreichen, die dem höheren Wohle dienen, dem Wohle der gesamten Menschheit.

Klarheit zu bewahren führt zu Handlungsfreiheit und zu Meinungsfreiheit und diese Qualitäten gilt es zu bewahren, in allen Zeiten. Lassen Sie uns gemeinsam wirken, um eine Welt zu erschaffen, die geprägt ist von Liebe, Respekt und Freiheit, für jeden von uns.

Sie können sich fragen, wie soll unsere Welt aussehen? Wie sollen unsere Kinder leben, wenn sie erwachsen geworden sind und wie möchten Sie jetzt leben?

Diese Fragen können Sie mit ziemlicher Sicherheit in kurzer Zeit beantworten. Wenn Sie die Antworten wissen, ist es Zeit, Ihrem Selbst zu vertrauen und die nötigen Schritte einzuleiten. Mit jedem Schritt, den Sie in die richtige Richtung gehen, werden Sie glücklicher und ausgeglichener sein.

Ihr Selbstwertgefühl wird gestärkt und Sie werden positive Ergebnisse in allen Bereichen Ihres Lebens sehen können.

Trauen Sie sich und machen Sie die ersten Schritte in eine für Sie richtige Richtung. Sie werden sehen, wie die nächsten Schritte Ihnen zunehmend leichter fallen werden.

Denken Sie immer daran, Sie sind der Schöpfer Ihres Lebens und Sie bestimmen, in welche Richtung es gehen soll.

Die Bedenken vor den Kritikern

Egal welchem Beruf Sie nachgehen oder welche anderweitigen Interessen Sie haben, es werden Ihnen immer Menschen begegnen, die anderer Meinung sind.

Hören Sie sich an, was diese Menschen Ihnen mitteilen möchten. Es kann sein, dass die Angst aus Ihrem Gegenüber spricht. Vielleicht hat er aber auch lediglich einen anderen Wissensschatz als Sie.

Wie es auch sein mag, für Sie ist es wichtig, was auch immer Ihnen an Argumenten entgegengebracht wird,

bleiben Sie in Ihrer Mitte!

Sie können das Gesagte reflektieren und auch prüfen, ob daran für Sie etwas Stimmiges ist. Je geordneter und ruhiger Sie in solchen Gesprächen bleiben, desto gesünder bleibt die Kommunikationsbasis.

Achtsame und respektvolle Kommunikation, die auf gegenseitigem Verständnis basiert, ist die wichtigste Grundlage für ein positives und produktives Gespräch mit Ergebnissen, die zum besten Wohle aller sind.

Diese Ziele sind grundsätzlich im Auge zu behalten, damit die Gespräche sich in eine Richtung entwickeln, die für alle Beteiligten positiv sind.

Denken Sie daran; Niemand, der in der Öffentlichkeit steht, ist allseits beliebt.

Sind Sie jedoch mit dem, was Sie zu tun gedenken, in Ihren Gedanken, Worten und Ihrem Handeln rein, beabsichtigen Sie die höchsten Werte in Form von Respekt, Achtung, Wertschätzung, Freiheit in Ihrem Projekt zu verwirklichen und Ihr ganzes Handeln dient dem Zwecke, das höchste Wohl für alle Beteiligten zu erreichen, werden Sie das auch ausstrahlen. Ihr Umfeld wird das sehen, hören und fühlen. Somit werden die Stimmen der Kritiker immer geringer werden, weil Diese Ihre reinen Absichten sehen können.

Sie werden zeitnah positive Resultate sehen können und Ihr Vorhaben wird sich prächtig entwickeln.

Sollten Sie Bedenken haben, gibt es die Möglichkeit, zuerst einmal Ihr Vorhaben einer kleinen Gruppe von Menschen zu offenbaren, denen Sie vertrauen. Die Resonanz Ihrer geliebten Menschen wird Sie bestärken. Dann können Sie den nächsten Schritt in die Öffentlichkeit wagen, indem Sie z. B. einen Vortrag auf YouTube halten oder ein Seminar anbieten zu Ihrem Thema. Welchen Weg auch immer Sie wählen – er wird Sie weiterbringen.

Vielleicht bekommen Sie auch weise Ratschläge von Ihren Zuhörern, die Sie dazu bringen, eine Kurskorrektur vorzunehmen, um Ihr Vorhaben zu optimieren.

Das ist ein Segen für Sie, da mehrere Meinungen immer von Vorteil sind. Es ist die sogenannte Schwarmintelligenz.

Jeder Mensch hat einen anderen Wissensschatz und es ist gut möglich, dass Ihnen auf diese Weise Informationen zukommen, die für Ihr Projekt von großer Wichtigkeit sind.

Also hören Sie aufmerksam zu und sehen Sie, welch tolle Informationen Ihnen vermittelt werden. Sie werden auf jeden Fall in der Lage sein, zu unterscheiden, ob das Gesagte konstruktiv oder destruktiv für Ihr Vorhaben ist.

Haben Sie Ihren Herzensweg einmal gefunden, bleiben Sie sich selbst treu und folgen Sie Ihrem Herzen. Sie werden sehen, es lohnt sich.

Neue Ideen

Neue Ideen sind wunderbar und oftmals werden Sie uns gesendet, von Gott oder dem Universum, um der Menschheit unter die Arme zu greifen, um etwas, was schon länger aus dem Gleichgewicht geraten ist, wieder ins Lot zu bringen. Oft ist es ja so, dass Veränderungen den Menschen suspekt sind. Sie würden lieber den gewohnten Pfaden folgen, da neue Wege immer Veränderungen mit sich bringen und ein Stück Ungewissheit.

Veränderungen sind aber gut, vor allem, wenn sie Arbeitserleichterungen oder eine andere Art der Verbesserung für mehr Lebensqualität mit sich bringen.

Deshalb ist es wichtig, sich jede Idee zuerst einmal in Ruhe anzusehen.

Um zu erkennen, ob diese Idee tragfähig ist, könnte man eine Pro- und Kontraliste erstellen. Anhand dieser Liste können Sie den Nutzen-Risikofaktor ermitteln. Das geht ganz einfach. Stehen auf Ihrer Liste mehr Propunkte als Kontrapunkte, ist die Sache ganz klar.

Mit Ihrer erstellten Liste gewinnen Sie zum einen die Sicherheit für sich selbst, dass Ihre Idee prima ist und zum anderen haben Sie gleich genügend Argumentationsstoff für Gespräche mit Ihren Mitmenschen, wenn Sie Ihre Idee vorstellen. Sie können sich auf diese Art und Weise einen sogenannten hieb- und stichfesten Plan gestalten, der Ihre Idee festigt. Wenn Sie das getan haben, steht Ihrem Vorhaben nichts mehr im Wege. Jetzt können Sie durchstarten!

All meine Vorhaben sind so zum Leben erwacht, mit einer „Pro- und Kontraliste" und im Anschluss eine „To-do-Liste". Diese Listen wurden dann der Reihe nach bewerkstelligt und haben mich immer sicher zum Ziel geführt.

Besonders hilfreich ist diese „To-do-Liste". Legen Sie sich diese Liste an einen Platz, an dem Sie täglich vorbeikommen. Es bietet sich z. B. der Kühlschrank an oder eine Pinnwand, die Sie zu Hause haben. Wichtig ist nur, dass Sie so oft wie möglich mit Ihrer Liste konfrontiert werden.

Das Geniale daran ist, dass Sie jeden Tag aufs Neue daran erinnert werden, was Sie eigentlich tun wollten. Das hilft Ihnen dabei, Schritt für Schritt Ihre Vorhaben in die Tat umzusetzen, die Ihren Herzenswünschen entsprechen.

Der Ursprung neuer Ideen

Jetzt könnte die Frage bei Ihnen auftauchen: „Ja, aber wie kann ich mir sicher sein, dass meine Idee gebraucht wird oder dem höheren Wohle dient und nicht meinem Ego entspringt?" Diese Gedanken sind ganz natürlich und ich werde Ihnen erzählen, wie Sie das alles ausfiltern können.

Ihre neue Idee kommt aus einem ganz bestimmten Grund in Ihr Bewusstsein. Ihre Seele möchte Sie auf etwas hinweisen. Ist Ihre Idee von dem Gedanken inspiriert, der Menschheit zu helfen, stammt sie von Ihrem höheren Selbst, direkt von Gott oder dem Universum.

Entspringt Ihre Idee jedoch Ihrem Ego, dann dient sie den Menschen eventuell nicht zum höchsten Wohle und Ihr Antrieb ist möglichst schnell viel Geld zu verdienen. Nehmen Sie sich ein wenig Zeit und horchen Sie in sich hinein. Welche Gedanken und Gefühle sind mit Ihrer Idee verbunden? Worum geht es Ihnen?

Ihre Gefühle werden Ihnen sehr schnell sehr klare Antworten liefern. Natürlich ist es wichtig, für seine Arbeit einen entsprechenden Lohn zu erhalten. Wenn Sie jedoch Ihr gesamtes Denken und Handeln zum besten Wohle von allen einsetzen, werden Sie unglaublichen Erfolg verzeichnen können und ganz nebenbei wird Ihnen der finanzielle Ausgleich in großer Fülle zuströmen.

Die Mehrheit der Menschen ist intuitiv in der Lage, zu erkennen, welchen Hintergrund das Angebotene hat. Entspringt Ihre Idee dem Ego, senden Sie die entsprechenden Signale aus und Sie werden es schwerer haben, Ihre Idee in die Tat umzusetzen, um langfristig damit erfolgreich zu sein.

Entspringt sie jedoch Ihrem höheren Selbst oder wurde Ihnen direkt von Gott gesandt, kommen die wohlwollenden Signale bei Ihren Mitmenschen an und Ihre Idee wird erblühen.

Je reiner und selbstloser Ihre Absichten sind, desto reicher wird das Universum Sie für Ihre Ideen und Taten beschenken und umso schneller und flüssiger werden Ihre Projekte laufen. Haben Sie Ihre Idee in die Tat umgesetzt, geht es in die nächste Phase.

Projekte in die Öffentlichkeit bringen

Nehmen wir einmal an, Sie haben Ihr Projekt soweit fertig und es ist reif für die Öffentlichkeit, nur wie?

Es gibt unterschiedliche Möglichkeiten Ihr Projekt bekannt zu machen. Sie könnten z. B. Seminare zu Ihren Themen anbieten. Liegen Ihnen Seminare nicht, können Sie auch über YouTube oder Instagram Ihr Projekt vorstellen. Der Vorteil dabei ist, dass Sie Ihr Gespräch im Vorfeld aufnehmen können und es dann erst online geben. Damit können Sie Ihren Vortrag so optimal wie nur möglich gestalten.

Sind Sie ein Künstler und malen Gemälde, so könnten Sie eine Ausstellung besuchen und den Organisierenden fragen, ob er bei seiner nächsten Ausstellung Ihr Werk mir reinnimmt. In der Regel freuen sich die Menschen über Zuwachs und Neuankömmlinge.

Vielleicht haben Sie ein Buch geschrieben und möchten Ihr Wissen mit den Menschen teilen. Sie könnten Ihr Buch über eine Internetplattform veröffentlichen oder Sie wählen den Weg, es über einen Verleger Ihrer Wahl bekannt zu machen. Möchten Sie es als gebundenes Buch oder als E-Book publik machen? Es gibt viele Wege zum Ziel. Entscheiden Sie sich für den Weg, der Ihnen am meisten entspricht.

Weiterhin könnten Sie auch Ihr Unternehmen in der Zeitung oder in einer Zeitschrift bewerben. Es gibt viele Medien, die Ihnen die Möglichkeit bieten, Ihr Projekt zu veröffentlichen.

Wichtig ist nur, dass Sie den ersten Schritt wagen, damit die Menschen wissen, dass Sie etwas anzubieten haben.

Eine weitere wunderbare Art, Ihr Projekt zu publizieren, ist die Mund-zu-Mund-Propaganda. Dies ist in meinen Augen die wirksamste Art, seine Unternehmungen in die Öffentlichkeit zu bringen, da positive Statements von bereits bestehenden Kunden die beste Werbung ist. Sind die Menschen zufrieden, spricht sich das herum und Ihr Geschäft wird bald wachsen und blühen.

Das Thema Geduld

Haben Sie die ersten Schritte getan, ist es wichtig, geduldig zu sein. Vielleicht entwickeln sich die Dinge langsamer, als Sie sich das vorgestellt hatten. Jetzt ist es von großer Bedeutung, dass Sie an Ihrem Projekt dranbleiben. Sie könnten sich in dieser Phase überlegen, wie Sie all Ihre bisher geleisteten Arbeiten optimieren können.

Ist Ihrer Ansicht nach bereits alles optimal, gibt es weitere Schritte, an Ihre bisherigen Leistungen anzuknüpfen?

Sind Sie ein Künstler, könnten Sie ein weiteres Gemälde entwerfen. Haben Sie eine Heilpraxis eröffnet, könnten Sie sich überlegen, welche Methoden Sie noch erlernen könnten, um Ihre Heilkunst zu optimieren. Was auch immer Ihr Herzenswerk sein mag, bleiben Sie dran. Es gibt immer eine Möglichkeit, an seinem Projekt weiterzuarbeiten.

Manchmal kann es auch nötig sein, kleine Kurskorrekturen vorzunehmen. Das bedeutet kleine Veränderungen oder vielleicht auch größere. Oft ist es so, dass neue Einsichten unsere Wege kreuzen, die es dann aufzunehmen gilt, um alles umso perfekter zu gestalten.

Ein Projekt ist vielleicht nie endgültig fertig, da es immer einen Fortschritt gibt. Das ist das Wunderbare an unserem Universum, der immerwährende Fortschritt.

Bleiben Sie in der Ruhe und in der Geduld, denn je geduldiger Sie sind, desto glücklicher werden Sie sein. Geduld ist eine Tugend, die es zu lernen gilt. Wie es so schön heißt:

„Wohl dem, der warten kann."

Die Liebe

In diesem Kapitel möchte ich etwas tiefer in das Thema „Liebe" einsteigen. Liebe ist die größte Macht im Universum. Liebe ist alles. Die Liebe hat die Kraft, Menschen miteinander zu verbinden und ihre Wunden zu heilen. Alles, was aus der Liebe entspringt, kommt direkt aus dem Herzen Gottes oder des Universums.

Liebe urteilt nicht, sie bewertet oder wertet nicht. Liebe lässt jeden so sein, wie er ist. Da jeder Mensch richtig ist, so wie er ist. Das ist jetzt ein großer Satz! Hören wir ihn noch mal an.

Jeder Mensch ist richtig, wie er ist.

Ihre Reaktion darauf könnte jetzt sein, ja, aber all die Menschen, die stehlen, lügen, anderen nach dem Leben trachten usw.

Natürlich haben Sie recht. Erinnern Sie sich an das Gesetz von „Ursache und Wirkung"? All diese Taten entspringen diesem Grundsatz. Für jede Handlung, jedes Wort und einfach alles, was es auf dieser Erde so gibt und was geschieht, geht es immer um Ursache und Wirkung!

Nehmen wir einmal an, jemand hat etwas gestohlen und wir sagen: „Es ist unrecht zu stehlen." Damit haben Sie sicher recht. Jedoch könnte es einfach sein, dass derjenige nicht genügend finanzielle Mittel zur Verfügung hatte, um es zu kaufen, es jedoch dringend gebraucht hat.

Wir können ein Spiel aus „Ursache und Wirkung" machen. Nehmen Sie sich Zeit, um Ihr Umfeld zu beobachten und schauen Sie, was die Menschen so tun.

Sie können sich zu allem, was Sie beobachten, das Gesetz von „Ursache und Wirkung" zunutze machen und bald werden Sie die Zusammenhänge ganz deutlich erkennen können. Vieles wird Ihnen klar werden und Sie können alles, was Ihnen begegnet, aus einem ganz anderen Licht betrachten.

Sie können unter Umständen erkennen, dass es „Gut und Böse" gar nicht gibt, da es nur „Ursache und Wirkung" gibt.

Stellen wir uns einmal vor, wie es wäre, wenn jeder Mensch auf diesem Planeten genügend finanzielle Mittel hätte, wenn jeder genügend zu essen hätte, jeder ein schönes Zuhause genießen könnte und alle Entscheidungen, die getroffen werden, immer stets zum Besten für alle Beteiligten und aus Liebe getroffen werden würden.

Was, glauben Sie, würde dann passieren? Wie würde unsere Welt dann aussehen? Lassen Sie uns eine Reise machen in die Welt der Vollkommenheit.

Meditation neue Welt

Besuchen Sie Ihren ganz persönlichen Wohlfühlort, machen Sie es sich bequem und schließen Sie Ihre Augen.

Bitten Sie um die Hilfe von Ihren Führern und Begleitern. Bitten Sie das Licht herbei, Sie auf Ihrer Reise zu begleiten.

Nehmen Sie einen tiefen Atemzug und entspannen Sie sich. Mit jedem Atemzug, den Sie nehmen, gleiten Sie tiefer und tiefer in Ihre Entspannung. Alles fällt von Ihnen ab und ein warmes Gefühl der Geborgenheit und der Sicherheit durchströmt Ihren Körper.

Vor Ihrem inneren Auge erscheinen Bilder. Sie zeigen Ihnen Sequenzen von Ihrer neuen Welt. Was sehen Sie? Wie sieht Ihre Welt aus und welche Menschen begleiten Sie?

Lassen Sie sich Zeit, während Sie tiefer und tiefer in Ihre Welt hineintauchen.

Ihr Körper ist jetzt tief entspannt und alles, was Sie sehen, kommt direkt aus Ihrem Herzen. Es sind Ihre verschütteten Erinnerungen, aus einer Zeit, in der Sie all das schon einmal erlebt haben.

Sie spüren, wie sich Ihr Herz mit großer Freude füllt, Freude darüber, wie schön, ausgeglichen und im Einklang Ihre Welt ist. Sie wissen genau, dass alles, was Sie sehen und spüren, der Realität entspricht und sich nach dem Gesetz der Anziehung in Ihrem Leben materialisieren wird.

Genießen Sie die Gefühle der Ganzheit und Vollkommenheit und freuen Sie sich auf ein Leben in Liebe, Reichtum, Gesundheit und Zufriedenheit.

Kommen Sie langsam wieder zurück und bedanken Sie sich bei Ihren Begleitern und dem Universum für die Unterstützung.

Herzlichen Glückwunsch, Sie haben eine perfekte Welt erschaffen, in Harmonie, Liebe, gegenseitigem Respekt, Achtung und in Wertschätzung für alle Lebewesen, die diesen Planeten bewohnen.

Vielleicht haben Sie auch Möglichkeiten gesehen, all dies umzusetzen und möchten sich jetzt gleich ans Werk machen, dies in unsere Welt zu integrieren. Nur zu, Sie werden erfolgreich sein in all Ihren Unternehmungen. Ich freue mich über jeden Menschen, der aktiv dazu beiträgt, unseren Planeten zu einem Ort der Fairness umzugestalten.

Unsere neue Welt

In unserer neuen Welt werden alle Menschen in gegenseitigem Respekt und in Achtung miteinander und mit der Natur leben. Jede Entscheidung, die getroffen werden wird, wird zum Besten für alle Beteiligten, ja zum Besten für alle Menschen, alle Tiere und der gesamten Erde getroffen werden.

Unser Bestreben wird dann weniger das Materielle sein, sondern die Verwirklichung all unserer Talente und Fähigkeiten, mit denen jeder von uns gesegnet wurde.

Jeder Mensch hier auf Erden ist einzigartig und hat seine ganz besonderen Talente.

Wenn wir so weit sind, dies zu erkennen und anzuerkennen, gibt es kein Besser oder Schlechter mehr, dann können wir die Begabungen unserer Mitmenschen bestaunen und uns über die Vielfältigkeit unserer Erde freuen. Wir freuen uns über jedes zutage gebrachte Talent und jedes einzelne wird unserer Welt als Segen dienen.

Die Konkurrenz wird Geschichte sein, da alle Menschen vereint zusammenarbeiten werden, um das Beste für alle zu erreichen.

Da jeder Einzelne seine Begabungen leben darf, werden die Menschen viel gesünder und glücklicher sein. Ihr Selbstbewusstsein wird wachsen und das Leuchten in ihre Augen zurückkehren.

Die Kinder werden individuell nach ihren Talenten und Fähigkeiten gefördert werden. Noten und Zensuren werden nur eine sekundäre Rolle spielen. Jedes Kind wird für seine Begabungen, die es in dieses Leben mitgebracht hat, geschätzt werden und es wird diese entfalten dürfen, frei und unterstützt durch sein Umfeld.

Jeder Einzelne von uns wird sein Bestes tun, um sich daran zu beteiligen, weil es jedem Menschen ein Herzensanliegen sein wird, dass unsere Welt ein Ort der Fairness, des Verständnisses und der Gleichberechtigung wird und bleibt.

Es wird ein mildes und gleichmäßiges Klima geben, mit wenig extremen Wandlungen. Wir werden eine veränderte Pflanzenwelt bestaunen dürfen, da Pflanzen aus tropischen Ländern sich bei uns heimisch fühlen werden. Vor allem wird unsere Natur erblühen, weil wir endlich gelernt haben werden, mit ihr zu leben und sie wird es uns danken! Sie wird uns mit einer unglaublichen Farbenvielfalt beschenken und die Blüten der Blumen werden noch intensiver duften, als sie es bislang tun.

Unsere Gewässer werden sauber und das Meer wird wieder mit Leben gefüllt sein, da die Bewohner wieder Einzug halten werden.

Alles in allem werden wir staunen, welch eine Schönheit uns begegnen wird, und ich freue mich darauf!

Alle Menschen werden erkannt haben, dass Liebe die einzige Antwort ist und immer schon war. Wir werden Hand in Hand arbeiten, unsere Welt gestalten und gemeinsam Meisterwerke erschaffen. Werke, die allen Menschen und Lebewesen dieser Erde Segen bringen werden. Freuen wir uns auf die kommende Zeit, denn sie wird großartig sein!

Wir sind alle eins und alles, was wir tun, wirkt sich auf das gesamte Universum und alle Menschen aus!

Mit diesem Bewusstsein wird unsere Welt wunderbar sein, geprägt von Liebe, Respekt, Wertschätzung, Achtung und Dankbarkeit.

Namaste

Einen herzlichen Dank

Ich möchte mich ganz herzlich bei Ihnen bedanken, dass Sie meine Worte so aufmerksam gelesen haben. Ich bedanke mich bei all den Menschen, die mich auf meinem Weg unterstützt haben und es immer noch tun.

Ein großes DANKE an meinen Ehemann, der mich immer begleitet und einen großen Dank an meine Kinder, die mich jeden Tag aufs Neue inspirieren.

Ich wünsche Ihnen von Herzen das Allerbeste. Mögen Ihre Träume in Erfüllung gehen, für eine Welt der Gerechtigkeit, der Freiheit und der Liebe.

Wir sind alle eins! So ist es und so war es immer!

Namaste von Herzen

Angela

Zeitfracht Medien GmbH
Ferdinand-Jühlke-Straße 7
99095 Erfurt, Deutschland
produktsicherheit@kolibri360.de